中国科学院大学　主办

孙　科　崔乐泉　主编

體育文化與產業研究

STUDIES OF SPORTING CULTURE AND INDUSTRY (No. 3)

（第3辑）

社会科学文献出版社
SOCIAL SCIENCES ACADEMIC PRESS (CHINA)

目录

时间·耐心·智慧：中国足球振兴的思考

葛惟昆　卜芦笙　肖勇波*

【摘　要】本文从足球特质、历史沿革方面，对足球文化和足球发展规律进行了讨论，强调中国足球的发展需要时间、耐心和智慧，不能急功近利，必须卧薪尝胆，做好长期奋斗和彻底改革的准备。

【关　键　词】足球；改革；文化；智慧

世界足坛热火朝天、风起云涌，中国足球却每况愈下、死气沉沉。究其原因何在？何至于此？出路又在哪里？这是每一位真心关切中国足球的各方人士心头的郁结，也是我们不得不面对的难题。

近年来，正如中国国家足球队资深队员张琳芃所说："经历了中国足球最好的时期，也经历了中国足球最不好的时期……"遗憾的是，我们共同经历的不是从不好到好的稳步上升，而是逆向的迅速下滑。在世界足球健康发展、亚洲足球群雄竞起的当下，中国足球则面临残酷的现实。

时过境迁，历史虽不会重演，但应吸取其经验和教训。中国足球问题之深重，必须深刻反思。中国足球要谋求出路，必须彻底改革，而这个过程，绝非一日之功，假以时日，赋予极大的耐心和高度的智慧，方能见效。

---

* 葛惟昆，香港科技大学荣休教授，清华大学教授，物理学博士；卜芦笙，马来亚大学体育运动科学中心，体育学博士；肖勇波，清华大学经济管理学院教授，管理学博士。此外，特别感谢林雪和杨帆对本文资料收集的协助。

因此，我们提出，中国足球需要时间、耐心和智慧。时间是宝贵的，对所有人也是公平的，朝乾夕惕，同等的时间会获得更多的机会和成就，而蹉跎岁月则会停滞不前，江河日下。与时俱进的同时也应该有持之以恒的耐心，中国足球近年来的失败，就败在急功近利、欲速则不达上。与时间和耐心相比，智慧同样重要，我们需要制订正确的规划，走出一条中国足球的康庄大道。伟大的中华民族，向来不乏有识之士，我们谨以此文，尝试做出自己的探讨。

本文在搜集文献资料的基础上，试图从以下几个方面进行分析阐释。

一 中国足球需要时间

在中国足球暗淡的现状面前，有一种声音是主张放弃足球。有人说，我们的小球很好，跳水举重和体操也不错，还有令人骄傲的女排，甚至女足也给我们带来惊喜；男足，或者广义地说足球，就随它去吧，就让别人去玩吧。这是一种失去自信的叹息，更是对足球的意义和影响缺乏清醒认识的表现。最重要的是，这既不符合足球运动对我国体育发展具有积极影响力的实际国情，也不符合其在世界文化和经济等发展领域中所起到的重要作用。当然，中国足球需要时间，这是不以人的主观意志为转移的，是足球运动的特质和足球发展的规律使然。

（一）足球运动的特质决定了它需要长期的努力

首先，我们从对足球运动特质的认识说起，因为中国足球面临的问题在很大程度上是对足球运动特质缺乏正确而深刻的认识。我们将从足球运动本身的特质谈起，进而探讨它的流行性和普及性，再深入探讨它的商业价值、文化价值，乃至在人类社会发展中的地位。足球，是世界第一大运动，这是不争的事实。

足球之所以为世界第一大运动，有如下几个方面的原因。

1. 普遍性

在全世界的体育运动项目中，参与人数最多的项目是足球。据"尼尔森体育"统计数据，全世界足球球迷高达 35 亿人，踢足球的人数达 2.7 亿人。从竞技体育的视角来看，足球的规模要远远超过任何其他运动。四年一度的足球世界杯，从举办规模、观众人数、经费投入和社会影响等方面来看，其实都远远超过了奥运会。奥运会一般由一个城市举办，而欧洲杯、世界杯却需要举一国（甚至多国）之力。2008年北京奥运会接待外国游客数量为38.2万人，而2018年俄罗斯世界杯接待外国游客数量竟达300万人，仅从游客人数来看，就可看出足球世界杯的热度，其他运动项目则望尘莫及。

2. 普适性

足球具有普适性。它不像篮（排）球等技巧或者体能类项目，对运动员的身高等先天素质有着特殊的要求。足球运动员的各项身体素质平均，高矮胖瘦的爱好者都可通过后天训练享受到踢足球的快乐，甚至成为足球明星。足球场地更为简单，随便将两个物件摆成球门就可以"大战"一场，不亦乐乎。不管是山地地区还是平原地区，不管是寒带地区还是热带地区，即便在沙滩上，足球也随处可见。人种不是问题，亚洲人也能在欧洲五大联赛中崭露头角，甚至荣获最佳。最好的例子就是英格兰热刺队的孙兴慜（韩国人）荣获英超金靴奖。足球的这种普适的品格，非常有利于它的普及，同时它又充满了多样性，具有协调与平衡的美感，还带有出人意料的偶然和机遇，充分体现出足球的技巧、智慧与合作的精彩，从而激发出人们对它由衷的热爱。

3. 社会性

足球比赛的社会影响力可谓空前绝后。足球的大型国际比赛，除了四年一度的世界杯，还有各大洲四年一届的杯赛，以及洲际比赛。尤其是欧洲杯的魅力，恐怕不亚于世界杯。此外，还有欧洲五大联赛，以及每年一届的俱乐部冠军赛等，令人应接不暇。足球能激发城市的荣誉感和民族精神。一般比赛双方的国家领导人都会出席足球世界杯的决赛现场，而决赛夺冠之后的巨大荣誉和国民的狂热欢呼，更是足球运动非凡的荣耀。

4. 综合性

足球具有多面性。从体育的角度来说，它既是群体化运动项目的最佳选择，又是竞技体育的优选项目；从社会的影响来看，它对各个国家甚至国际的经济和政治都有重大影响；就运作的实际而论，职业足球，包括对青少年球员的培养、俱乐部的经营，都是企业化管理的典型；足球作为一门系统科学，对物理学、生理学、心理学、哲学等都提出了丰富的课题。足球比其他大球具有更大的偶然性，因此也更吸引人，更值得进行科学研究。

5. 复杂性

足球界伟大的哲学家克鲁伊夫说："踢足球非常简单，难的是踢简单的足球。"这一句充满哲学意味的"简单"，其实道出了足球的复杂和高深。

足球既是一项激发斗志、愉悦精神、带来快乐、促进健康的运动，也是一项充满智慧的运动：智慧的球员、智慧的教练、智慧的比赛、智慧的训练、智慧的运营、智慧的政策、智慧的技巧、智慧的规则、智慧的球体、智慧的管理等。概而言之，足球是智慧的，我们要提倡和发展智慧足球，反对没有章法、没有思想，头脑简单、套路单调，盲目和愚蠢的足球。中国足球的关键盲区在于对足球的理解，根源在于文化。单纯培养技术而脱离文化教育，是不能带来中国足球的长远发展的。

智慧足球，也就是教练员经常挂在嘴边的"用脑子踢球"。但是什么是"用脑子踢球"，恐怕许多教练员自己也未必能说清楚。没有文化的熏陶、缺乏教育的基础是踢不出智慧足球的。日本著名球星中村俊辅写过一本自传，叫作《洞察力》。在日本国家队的舞台上，中村俊辅认识到日本队与世界强队的较大差距。他认为只有足球队"整体联动"以及个体的能力全面，才是日本足球的制胜之道。中国足球和日本足球的此消彼长，是中国足球近三四十年的惨痛教训，非常令人深思和警醒。

发展足球的战略和策略，是一项系统工程。足球俱乐部的培育、运营和成长，优秀球员的选拔和培养，足球比赛中阵型的安排、球员的使用和位置、针对对手的战术、教练员和运动员的大局观等，都属于系统工程的一部分。足球的复杂程度超过其他任何一项运动项目。

足球的特色和历史，它宏大的规模、深刻的大众性、复杂性和综合性，注定了它的发展需要时间，绝不是可以一蹴而就的。

（二）足球运动发展的基本经验证明了它需要持久的努力

足球运动类似中国古代的蹴鞠，早在战国时期，中国民间就已流行娱乐性的蹴鞠游戏。蹴鞠所用之"鞠"最早为外包皮革、内实米糠的球，至唐宋发展为充气球。唐代仲无颜《气球赋》记载："气之为球，合而成质。俾腾跃而攸利，在吹嘘而取实。"这种球轻巧而多为女子所嬉戏。蹴鞠可以作为中国人的骄傲，也说明中国人对用脚踢球的运动并不陌生，但是现代足球与蹴鞠已不可同日而语。

现代足球起源于 19 世纪中叶的英国，是工业革命后资本主义发达的产物，它诞生于平民阶层，不是传统的贵族游戏。一个半世纪之后，它已经超越体育运动而发展成一个巨大的系统化产业。职业化和产业化是国际化现代足球的本质，认识不到这一点，不可能发展好中国足球。

欧洲足球运动及其组织机构发展的历史：从无组织的游戏、争斗，到组成俱乐部、经营俱乐部（1857 年，世界上第一个足球俱乐部——谢菲尔德足球俱乐部在英格兰成立），再到联合起来成立足球协会（或者总会），一直到洲际的联合会，全世界的联合会，终于国际足球联合会（FIFA）成立。目前，国际足球联合会共有 211 个会员。

我们来看一下意大利的足球运动情况。意大利足球运动员达 105 万名以上，俱乐部管理人员 24 万多名，裁判员 3.2 万名，技术官员 2.6 万名。一年的正式比赛达 57 万场，其中青少年比赛占 65%，业余比赛占 34%，专业级比赛只占 1%。

健全的俱乐部体制和运动员培养机制，都是数十年甚至上百年发展的结果。即使体系建设走上正轨，一批新运动员的培养也绝非一日之功，时间是必不可缺的条件，这就是我们所说的，中国足球需要时间。

足球产业发达的国家或后起之秀，都对足球发展有长期详尽的规划。上海体育大学和长沙师范大学的专家对中日足球发展规划做了比较，发现日本足球在发展规划方面有很多特点：前期研究全面和准确；规划理念通俗易懂和亲切；规划目标可量化、内容全面；建设任务与目标紧密衔接；收支计划详细。其中，规划目标可量化，具体到在世界足坛的排名（见表1）。尤其值得注意的是足球的普及化方面，规划具体翔实，目标切实可行，结果令人满意。在足球产业的收支方面，分配具体，精准平衡，令人惊叹。

表 1　"JFA 2005 年宣言"中足球发展规划情况

2005～2015 年发展目标	人数（万人）	实现情况	具体数值	2015～2030 年目标展望
足球人口达 500 万	575.49	实现	279.85 万人	足球人口达到 640 万人
			15.02 万人	
			27.80 万人	
			54.75 万人	
			198.07 万人	

2005~2015 年发展目标	人数（万人）	实现情况	具体数值	2015~2030 年目标展望
男子国家队进入世界杯前十		未实现	前十六	世界杯前四、世界排名前十
成为世界前十足球协会		实现	工作人员数量排名：7	
			注册运动员数量排名：5	
			体育场数量排名：4	
			本国联赛观众排名：11	
			FIFA 赛事成就排名：8	
			足球协会收支规模排名：4	
			国内分布足协结构排名：1	
			国际化程度排名：16	

二 中国足球需要耐心

要振兴中国足球，就要做好打持久战的思想准备，更要充分利用时间，具备足够的耐心，耐得住寂寞、踏得下心来，以坚韧不拔的精神一步一步走出自己的道路。要充分认识自己的不足，以卧薪尝胆的精神做长期奋斗的准备。

（一）中国足球的薄弱环节

中国足球的薄弱环节可以概括为两个方面——足球文化的缺失和基础建设的薄弱。

1. 足球文化的缺失

中国足球的根本问题在哪里？在文化方面。只有在广泛开展校园足球和社区足球的基础上，把文化支撑、教育奠基和足球发展紧密结合起来，才能真正把中国足球搞上去。许多业界有识之士，都认为中国足球的根本问题在于文化方面。2017 年在清华大学举办的"中国足球论坛"上，当时的中国足球协会负责人张剑讲道："足球具有鲜明丰富的文化科技内涵，深入影响了大众文化生活，是先进文化建设的重要平台，足球既是人类自然情感的真实流露，又与当代尖端科学技术高度融合，而文化和科技，正是中国足球中的短板，不少国际、国内专家和知名教练均入木三分地指出了这一问题。"2017 年 7 月 12 日《人民日报》载文，提出"中国足球一直没有仔细梳理（国外教练带来的）先进足球文化"；"中国足球落后，包括足球文化的落后"；"没有文化的足球是落后的足球，落后的足球是无法让大众满意的。职业化改革二十几年过去，短板总是要补齐的"。

我们理解的足球文化，包括三重意义。一是足球文化是关乎全社会的；二是足球文化具有感性的一面——对足球运动的热爱；三是足球文化具有理性的一面——对足球运动的理解。

首先，足球文化是关乎全社会的，而不只限于职业足球从业者。对于那些足球文化发达的国家来说，足球场上运动员的狂热、球员和球迷强烈的求胜欲望，以及人们对胜利的欢腾、对足球英雄的热烈拥戴，都成为其民族文化、国家精神的重要组成部分。巴西就是典型的足球文化国家，足球就是巴西最重要、最耀眼的文化名牌之一。一个国家的足球文化在足球职业运动员、教练员、经理人、投资人和相关媒体人等从业者身上，将表现得最为突出。足球文化在群众性的足球活动中生根发芽、结出硕果。欧洲国家具有多级别、多层次的联赛制度，草根足球兴旺发达，全社会的热情能被充分调动起来。欧洲国家每个周末，各级联赛热火朝天，自然激发起民众对足球的地域情感，更使足球变成民众终生的习惯与挚爱。

其次，足球文化具有感性的一面——对足球运动的热爱。欧洲人说，足球融入了他们的血液中。在欧洲和南美足球产业先进的国家，球迷和球队之间有着亲密的感情。他们的球队带有浓厚的地方色彩，具有强烈的地域情怀。这种强烈的地域情怀，是长期的历史积淀，是几代人的传承，其中融入了无比深厚的感情。民众对足球的感情，也是从孩童时期就开始培育的。足球文化带有鲜明的民族与地域印记，德国队号称"日耳曼战车"，巴西队是"桑巴军团"，曾在世界足坛傲视群雄的乌拉圭队被称为"金色太阳"，等等，不一而足。在日本，校园足球风生水起，高中足球联赛是举国关注的大事件，这也正是日本足球兴起的基础，日本的足球文化已经植根于基层，浸润到青少年的心中。

最后，足球文化具有理性的一面——对足球运动的理解。这一点将在本文第三部分"中国足球需要智慧"中详细论述。

2. 基础建设的薄弱

基础建设薄弱，是中国足球的硬伤。

青训无疑是提升足球水平的关键一环。"少年强，则中国强。"在足球领域，也应是如此。德国足球之所以强大，根源在青训。上海体育学院的专家研究了德国青训的特点，认为我国发展足球运动应发挥足球协会的力量，系统构建足球训练和竞赛体系；注重对足球教练员的培养，搭建我国教练员培训和认证体系；发展社会层面足球俱乐部，协调协会与学校、俱乐部的关系；加强足球训练科学的研究，更新对足球项目特征与规律的认识。

在亚洲，越南足球异军突起。根据自媒体人士张宏杰的介绍，越南足球协会在 2013 年就通过了纲领性文件——《越南 2020 年足球发展规划和 2030 年远景》。从 2007 年开始，越南足球告别了对中国的追随，开始尝试走自己的路，紧靠一个关键词——深耕青训。越南嘉莱黄英足球俱乐部（黄安嘉莱足球俱乐部）与英超豪门阿森纳足球俱乐部合作，创建了嘉莱黄英—阿森纳 JMG 足球学院。这是越南的第一家足球学校，要求十分严格，学员录取率低、淘汰率高，可谓优中选优，在此后的 10 年里，培养出了大量人才。除了 JMG 足球学院，越南足球天赋与发展基金会（PVF）也为越南足球做出了巨大的贡献。PVF 立足于越南本土，在越南北部建立起亚洲目前最好的青训营（之一）。2017 年落成的占地22 公顷的新总部，有 4 块天然草球场、3 块人工草球场和 3 个康复理疗室，还配备了亚洲首创的"PlayerTek"模拟系统和全景监控训练室，是东南亚最先进的足球训练中心。

越南政府非常支持"复兴本国足球首先从青少年抓起"。越南对青少年足球赛事更为重视，早在 2010 年，越南就已经有了 U21、U19、U17、U15、U13 的全国联赛，后来又增设了 U11 联赛，形成了 6 个级别的联赛体系。各个年龄段每年都会有联赛，赛制采用先分区踢预选赛，之后再集中打决赛的模式，所以全年下来比赛数量多、质量高，自然会在短时间内有显著提升。早在 2014 年，越南每年参加青少年各级足球比赛的年轻球员就已经达到了七八万人。多层次联赛有利于选拔人才，能够发现表现最稳定和真正具备实力的球员。

著名足球评论员张路认为，过去 20 多年中国足球的前进方向是偏的，青训与校园足球面临着诸多问题。他说，我们青训和校园足球都存在早期竞技化、专业化、成人化的倾向。一天练两三个小时，恨不得每天都练，所以这必然会让家长难以做出选择。大部分家长都会意识到，踢足球这条路太难了，因此很多家长不得不割舍足球。当踢足球只是孩子的课外活动时，家长就可以继续观察孩子足球技能的发展，到了 16 岁再判断孩子是否适合走足球这条路，这时候家长再做出选择就比较容易了。

一个国家足球的发展，需要深厚的群众基础。缺乏深厚的基础，幻想足球"尖子"冒出来后再将其组建成一个强大的国家队，就如同构建空中楼阁，永远不会实现。足球的圣殿要一层层搭建起来，这个圣殿的混凝土就是足球文化。

关于足球的基础建设，我国可以和德国做一下比较。德国人口大约为8312.9万（2021年统计数据），是中国人口的1/17。德国足球的基础建设数据统计如下。

（1）标准球场5万个，持证教练员30万人。

（2）儿童业余学习足球每月需12欧元。

（3）足协注册14岁以上球员324万人，顶级职业球员1585人。

（4）足协分会24500个，球队14万支。

（5）每个赛季比赛150万场，95%以上是村落和社区之间的比赛。

按理来说，中国的相关数据应该是这些数据的17倍，或者至少10倍，而实际情况大致如下：我们只有中超、中甲、中乙三级联赛；青少年注册球员49274人，U19（年龄在19岁以下）为2257人，职业球员2400人左右；教练员的数量较少。

邓小平提出足球要"从娃娃抓起"，这是一句至理名言。但是从娃娃抓起，不是抓出几十个、几百个娃娃去留洋，或者上专业体校，而是让全国的孩子们热爱足球，踢足球，让足球从小就成为孩子们生活中不可或缺的组成部分，并且建立起一辈子守护足球的理念，保持对足球的热情。有好的足球氛围，优秀的国家队自然会应运而生。现在是需要真正"从娃娃抓起"的时候了。

一个非常值得借鉴的经验是英格兰足球青训的井喷效应。英格兰足球首先推出英格兰精英球员成长计划（EPPP），以顶级俱乐部为核心力量，发展足球青训，提升本土球员的数量与质量。英格兰投资建设了总价值3.2亿英镑的圣乔治公园国家足球中心训练基地，该基地可以同时容纳多达28支各个年龄段的英格兰国家队集训。在随后的布局中，EPPP将英格兰青训分为U9-U11、U12-U16和U17-U23三类，每年举办多达6000场的比赛，帮助年轻人成长。与EPPP相辅相成，英格兰人开始更多地走出国门，"杀"向五大联赛的各个角落。随着EPPP计划的成功，大量优秀的英格兰年轻球员开始涌现。当英超平台已经难以消化如此多的天才时，一部分的英格兰年轻人选择闯荡欧洲大陆，并被欧洲五大联赛球队认可。这又从侧面反映了 EPPP 计划的成功性。而近年来欧冠赛场上英格兰球队的巨大成功，更使世人对英格兰足球刮目相看。

（二）中国足球的"倒金字塔"建设

组织建设是足球发展规划的重中之重。谁是主体组织？它想达到什么目的？它要如何达到目的？这是规划的三大构件，其中"组织"既是主体又是载体。所谓的"主体"是指目的性，所谓的"载体"是指工具性。毫无疑问，组织建设是足球事业和足球发展的重要内容。

中国足球的组织架构和性质，决定了受关注的点主要在国家队的成绩上，这就形成了一个"倒金字塔"的奇特结构。越到下层越薄弱，越到上层越被关注，其结果众所周知。中国足球的当务之急是，建立独立自主、专业尽职、自我经营的真正的足球组织，国家机构监督、支持和协助。近年来，广东省成立了两个去行政化的省级足球协会：五人足球协会和业余足球协会。广东省五人足球协会和粤超股份公司已经成为国家级体育发展基金项目的研究对象。希望这是一个好的开始。

三　中国足球需要智慧

有了对时间的长期准备，有了耐下心来的心理素质，中国足球的飞跃仍然不能"从天而降"，它还需要精心制订正确的规划，探索形成科学合理的发展路径。足球运动本身及其产业经营，都需要高智商、高情商，这就是我们所说的"智慧"。

（一）足球学是系统科学

足球是一门学问，这是被许多人忽略或轻视的一点。足球不仅是学问，而且是复杂综合的学问，是系统科学，可以称为"足球学"。

1. 足球与物理学

笔者葛惟昆曾多次在不同场合介绍过足球与物理的关系。

首先，笔者葛惟昆组织清华大学物理系学生足球队翻译了英国物理学家 John Wesson 所著的《足球的科学》（*The Science of Soccer*），又与著名"金哨"

孙葆洁教授一起在清华大学开设"足球运动与科学"的在线公开课，负责介绍足球科学的部分，包括物理学、统计学、竞技理论及足球经济等。

足球运动是在空气中进行的，因此它实际上是服从流体力学的规律。球因受力（脚踢、头顶）而飞行，其中要受到空气的阻力、地面的反弹，或者球门门框的反弹等，这些都是力学问题。从踢球的发力过程，到"香蕉球"的旋转所引起的马格纳斯力，以至"电梯球"的涡街下坠力，都是动力学的课题。"电梯球"的下坠原理最为高深，它基于受初速度影响的球体运动的轨迹，当起始速度超过末端速度时，轨迹不再是抛物线，而是非对称曲线，轨迹末端呈现出竖直的渐进轨迹（空气阻力壁），而且有解析表达式，给出空气阻力壁的位置和射程。"电梯球"的另一个特点还在于其飘忽不定的摆动，这是基于著名的冯·卡门的涡街原理：在二维流场中，放置一非流线型形体，称为阻流体，又称钝体，在钝体流动方向后部，产生流体振动，形成两排交替生成的旋涡，叫作卡门涡街，简称涡街。足球运动员和教练员不必懂这么高深的物理原理，但是要明白由这些原理引申出来的踢任意球的要领。

2. 足球与数学

久负盛名的英格兰利物浦足球俱乐部，拥有 47 座重大冠军奖杯，是英格兰足球俱乐部之冠，也是赢得最多次欧洲冠军联赛的冠军（共 6 次，包括最近的 2021 年）的英格兰足球俱乐部。笔者葛惟昆 20 世纪 80 年代初在英国留学时，正值利物浦足球俱乐部如日中天的时期。然而后来它几经倒卖，每况愈下，直至 2010 年被一位精通数学的老板约翰·亨利（John Henry）收购，而他挽救利物浦足球俱乐部的秘诀竟然是数学。它的旗下至少有 5 名数、理博士坐镇。特别是在一个重量级的数据分析师伊万·格兰汉姆（Ian Graham）受聘以后，利物浦足球俱乐部走上了腾飞之路。Graham 在 2012 年加入利物浦足球俱乐部时的主要任务就是分析球员是否有采购的价值：从巴西球员安东尼奥·库蒂尼奥（Antoni Coutinho），到世界顶尖的中后卫塞尔吉奥·范戴克（Sergio Van Dijk），或低买高出，赚取利润更大的收购，或攫取超级明星，如穆罕默德·萨拉赫（Mohamed Salah）。

与此同时，Graham 又把几位超级数据分析师招致麾下，使利物浦足球俱乐部更是如虎添翼。在上一赛季（2021~2022 赛季），利物浦足球俱乐部领先第二名 16 分，在此前的 23 场比赛里一次都没有输过，他们的秘诀就是用数据踢球。

具体细节当然是机密，但是可以确定的是利物浦足球俱乐部搜集了海量的数据，用来分析哪些球员该在哪场比赛里踢哪场位置，应该用哪种策略更有机会赢球。利物浦足球俱乐部也是最早使用从数据科学中诞生的打法——球场控制（field control）的俱乐部。他们会搜集每场球赛中每次球员和足球接触的数据，赛场周围有一圈监控摄像头，可以以每秒 25 帧的速度实时记录球员和球的运动，一场球赛下来就有 150 万个数据点。这就是球场控制的主要数据来源。通过分析射门发生的位置以及成功率，数据分析师就可以对未来类似的情况进行统计预测。以得分为例，根据这些统计数据，球员就知道自己在什么位置射门更容易进球。球队技术人员会在训练时借助辅助装备采集数据，例如，他们通过队员随身携带的 GPS 装置记录下每位队员的跑动距离、速度、加速度与减速度等信息，而这些信息被用于分析，甚至成为交易的筹码。利物浦足球俱乐部的口号是"你永远不会独行"（You'll Never Walk Alone）。这句话不仅适用于比赛场，而且适用于数据这个大网。

统计学对足球也有深层的指导意义。例如，对点球概率的统计，什么角度的点射进球概率最大，对弱队战胜强队概率的统计，对比赛各个时间段进球概率的统计等，都对实战富有指导意义。

3. 足球与信息

信息的采集、数据的处理、大数据与互联网的结合，正在成为足球发展必要的技术支持，成为指导宏观规划、队伍建设、训练与比赛不可或缺的手段。

4. 足球与哲学

荷兰人约翰·克鲁伊夫（Johan Cruyff）是足球哲学的"天花板"，他曾说："踢足球非常简单，难的是踢简单的足球。""皮球只有一个，谁控球，谁控制比赛。""足球是一项用大脑的运动。你应该在正确的时候处在正确的位置，不徐不疾。""速度经常会与预判混淆。如果你跑得比别人早，那看上去就比别人快。""持球的时候，要尽量拉开空间。对手持球的时候，要尽量压缩空间。"

克鲁伊夫的高徒，当今世界最顶尖的足球教练何塞普·瓜迪奥拉（Josep Guardiola）说："对于现代足球而言，克鲁伊夫绘就了西斯廷教堂的穹顶，后来的人只需要做一些修修补补即可。"简单来说，足球是关于空间、时间和整体的艺术。颠球之类的技术经过训练可以掌握，但踢球靠的不是这个。在某种意义上，足球和围棋完全一样，都是争夺和控制空间的游戏，控制空间较多的一方胜出。而在争夺中，时间也是重要因素。一位来中国执教的欧洲教练说，十四五岁欧洲青少年球员已经掌握的基本足球比赛概念，30 岁的中国球员还无法理解。我们最大的痛点正是克鲁伊夫定律的普遍真理与中国足球的具体实践没有很好的结合。

在西班牙巴塞罗那俱乐部担任主教练的哈维，是克鲁伊夫哲学思想的另一位继承人。他在球场上视野之宽阔，调配之合理，不愧为全队的"大脑"。哈维因此被称为足球场上的哲学家。他速度并不快，但眼观六路、耳听八方，运筹帷幄、全局在胸。

欧洲足球教练普遍认为，一个出色的球员最重要的能力是"做决定"，能够在跑位和出球时做出正确的"选择"。一场足球比赛，22 位球员在场上，每人持球 4 分钟，总共就 88 分钟了。考虑到其他时间，实际上每个球员平均持球只有 2 分钟左右。因此，严肃的问题就是，在持球以外其余的 88 分钟，你在哪里？你在做什么？不难理解，身位、视野（尤其是身后的视野）、视觉想象和预判等与空间有关的无球能力，远比有球重要得多。所以有人说，欧洲球员在踢无球的足球，中国球员踢有球的足球。

所有这些，都不是纸上谈兵可以解决的，都需要长时间的磨炼与领悟，都必须从小接受正确的指导，使这一套哲学和智慧通透于心，成为习惯和"条件反射"。

5. 足球与心理学

足球心理学已经发展成一门专门的学问。基于足球运动激烈的竞技性质和对抗因素，心理素质好坏无疑是比赛胜负的关键之一。许多足球队都聘请了心理辅导教师，听取心理辅导课程。运动员甚至教练员的场上发挥，都受到心理因素极大的影响。好的教练员也是高级的心理导师。2022 年，中国女足勇夺亚洲杯，教练员水庆霞自身心理过硬，又把信心和决心传递给队员，极大地鼓舞了全队的斗志。这是足球心理学生动的一课。心理因素的影响，从赛前发布会开始，到排兵布阵的思路、阵型和球员的选择，无不存在。

足球场上的胜负得失对运动员来说，也是一种成长的磨炼。常胜将军是不存在的，人都要经历失败的考验，因此要努力做到得失从容、宠辱不惊。这不但是对足球运动员必要的心理训练，也是一个人全面成长的先决条件。成功的"足球"需要健康的心理，健康的心理成就成功的"足球"。

6. 足球与生理学

运动生理学是一门重要的学问，运动员的体能训练、恢复与提高、生理保护与治疗等，都包含专业的知识及丰富的实践经验。本文不做赘述。

7. 足球与经济学

当代足球产业已经形成完整成熟的企业模式和商业运作模式。以西班牙为例，足球经济提供了 18.5 万个职位、41 亿欧元的税收，相当于西班牙 GDP 的 1.37%。

足球经济是职业化的产物。在 1885 年，英格兰为足球职业化立法。既然是职业化，球员就是一种"商品"，有价格，可以交易。交易双方的主体都是俱乐部，所以俱乐部就是一个法人，是经营性的公司。俱乐部的收入最初是靠收取比赛日的门票，后来逐渐变化，电视转播和商业经营（主要是球员买卖和商品买卖、广告等）逐渐变成收入的主要来源。尤其球员的买卖，几乎每 5 年价格要翻一倍。足球俱乐部的成功，取决于许多因素，其中最主要的是队员的实力。足球俱乐部的经营受许多因素的影响，但最基本的还是搞好球队本身，即球队的质量和成绩，这是球迷给予俱乐部支持的关键。

2019 年，清华大学体育部中国足球发展研究中心在孙葆洁主任的主持下，编撰出版了《中国足球产业与文化发展报告》（以下简称《报告》），全面概括了我国足球产业的发展情况。对于足球运动的影响与意义，《报告》总结为四个方面：其一，足球是人民群众的情感寄托；其二，足球是商业价值最高的运动；其三，足球是国际交流的重要工具；其四，足球是展示国家形象的名片。关于世界足球产业化发展趋势，《报告》也做了精辟的总结：其一，商业开发程度不断深入；其二，商业价值不断提升；其三，影响范围前所未有；其四，资本和球员国际流动越来越频繁。关于中国足球产业化的分析，是《报告》的重点。书中数据翔实，分析深入，其主要结论是，中国足球职业化的改革，基本完成了由计划经济体制下的管理模式向市场经济管理模式的转变，逐步与世界职业足球发展模式接轨。然而，由于足球基础薄弱，社会条件不成熟，改革不够彻底，各种配套制度没有跟上，足球改革发展仍需进一步的努力。《报告》尖锐地指出："目前国内足球产业仍存在着权力高度干预市场、俱乐部多为资本附庸而非独立经济实体、足球市场缺乏法治、青训落后等问题，体制改革的道路注定漫长而艰辛。"

归根结底，现代足球的职业化与商业运作已经是大势所趋、不可逆转。

综上所述，足球与物理学、信息、心理学、生理学、经济学等都有密不可分的联系，在这个意义上，足球当然属于系统科学。系统科学从整体来看问题，注重事物的关联和相互作用。从总体上来看，竞技体育既有生物（自然）的一面，也有社会的竞争与协作的一面："竞技运动比赛，运动员之间的对抗和竞争，是人的社会性反映，是人与人在竞赛过程中相互联系相互依存的群体属性。不断的竞赛，就是强化这种群体关系。这是竞技的人性化。竞技不仅具有生物性（自然性）竞争的一面，还有人性—社会性竞争（公平竞争）和社会性协作的一面。"我国足球界以外的学界有识之士也明确指出，我们向国外足球学习的时候，多着眼于细枝末节，而忽视了系统科学。正如工业技术一样，我们学习德国技术的精细，但没有意识到，重要的不在于技术细节，而在于系统科学的优越。从这个意义上来说，没有足球产业化的整体改革，其他细枝末节的改革，只能收到甚微的效果。

具体到足球竞技本身，也必须有系统论的指导。克鲁伊夫的足球哲学，就闪耀着全局观、时空观、系统论的光辉。在足球领域，一个国家、一个地区、一个俱乐部，有没有系统论的理性指导，效果截然不同。在竞技场上，教练员的统筹规划、敌我分析、排兵布阵，都需要系统论指导下的谋划；而每一个运动员对比赛的"阅读"能力，全局观、时空观、协作观，都建立在其对系统论的认识基础之上。巴塞罗那足球风靡一时的足球战术（Taka Tiki 战术），其实就是在队友间随时组成互相支撑的小三角队形，以保证传球控球的安全、合理与有效。正是这样一个小系统的完善，从而实现了大系统的成功。

足球事业的发展，需要科学理论研究的支持和指导。系统科学大有用武之地。

（二）中国足球发展的战略思考

第一，需要时间。时间是最珍贵的，时不我待，时不复来。中国足球已经浪费了太多的时间，急于求成成为许多人的幻梦。足球需要时间去积淀，需要时间去积累，需要时间去建设，一层层、一步步，没有捷径可走，没有"弯道超车"。无论职业足球人还是广大球迷，都必须保持清醒的头脑，都必须坚持长期不懈的努力，忍受时间的煎熬。

第二，需要耐心。时间对所有人都是公平的，问题是如何利用时间。在时间面前，耐心也是一种意志的磨炼，也是制胜的秘诀。急功近利贻害中国足球，缺乏耐心是青少年普遍的弊病。耐心的背后是信心和意志，心浮气躁，万事不成；锲而不舍，金石为开。

举办足球比赛、加强青训机构培训及开展校园足球是足球发展的方向。这都需要耐心和勇气。

第三，需要智慧。有长期的准备，有耐心的坚持，关键就在于正确的选择，在于合理的战略和政策的落实，这就需要智慧。要把足球当成科学，要把足球行业当成需要高智商和高情商的超大型企事业来运作。运动员的发展要靠市场来培育和投入，运动员要在市场竞争中脱颖而出。足球是系统科学，需要全面的人才，需要有专门型人才去研究、去谋划。东一棒槌、西一榔头的横冲直撞、邯郸学步，使我们离世界足球的大潮流越来越远。现在是智慧足球的时代了。

第四，中国足球的整体结构，必须以校园足球和青训机构为基础，以俱乐部和运动员为支柱，以产业化的职业联盟来运营（见图 1）。这是世界各国发展的共同道路，也是中国足球发展的必由之路。

图 1　中国足球的整体结构

中国足球的根基见校园足球。通过开展校园足球，广大少年儿童体验足球的快乐，学习足球的技能，产生对足球的兴趣。在大量普及足球的基础上，必然会出现好的足球苗子。在德、智、体全面发展的教育理念下，在破除了应试教育的桎梏之后，校园足球的开展一定会为青训机构储备大量的人才。青训机构支撑足球俱乐部和运动员的队伍。在市场经济规律下经营的足球俱乐部是足球生存的土壤，在俱乐部基础上形成职业联盟，以产业化模式进行经营，中国足球才有希望。

参考文献

谢松林、龚波、李丰荣等：《中日足球发展规划比较研究》，《体育与科学》2018年第5期。

黎涌明、曹晓东、陈小平：《德国足球训练科学研究现状与启示》，《上海体育学院学报》2017年第5期。

〔英〕John Wesson：《足球的科学》，清华大学物理系学生足球队译，葛惟昆、葛澄审校，清华大学出版社，2014。

孙葆洁、李剑桥、刘柱主编《中国足球产业与文化发展报告》，清华大学出版社，2019。

伍绍祖主编《系统科学与体育》，人民体育出版社，1995。

Chinese Football Requires Time，Patience and Wisdom

Ge Weikun   Bu Lusheng   Xiao Yongbo

Abstract：Based on the nature and historical development，this article discusses the culture and role of football. We emphasize that the development of Chinese football requires time，patience and wisdom，rather than extravagantly demanding quick success. People should prepare to make revolutionary face wash and try very hard to a long-term effort and a thorough evolution.

Keywords：Football；Evolution；Culture；Wisdom

由"术"而"道"——我对中国射箭运动的思考

徐开才[*]

【摘　　要】射箭是奥林匹克的运动项目，我国的现代射箭运动开始于1959 年，20 世纪六七十年代，曾经打破世界纪录，为国家赢得荣誉，但是更多的时间中，我国的射箭运动一直处于起伏不定的水平。20 余年来，传统射箭在全国以学校为主体得以迅速发展，传统射箭给我国的射箭运动注入了鲜活的力量。而传统射箭中的"射以观德、术道并重、哲学三秒、中庸之境"则是当代奥林匹克射箭运动新的重要的启示。

【关 键 词】射箭运动；传统射箭；传统文化

一　前言

射箭运动，在一般人看来，是在我国开展的竞技体育项目中相对简单的体育项目，似乎老少皆宜，只要站在平地上，身体稳定不动，拉开弓，把箭放出去，就完成了射箭的过程。开始我也是这样认为的，深入了解之后，才知道，射箭运动看似动作简单，实则奥妙无穷。

---

*　徐开才，山东省济南人，国家体育总局射击射箭运动管理中心国家级教练、中华弓箭文化保护委员会主任、中国射箭协会传统弓分会名誉主席，原国家射箭队总教练。享受国务院政府特殊津贴。曾三次获国家体委颁发的体育运动荣誉奖章，一次获国家体育运动一级奖章。

我与射箭结缘 60 余年，这么多年来一直以射箭为伴，经历了太多。从优秀运动员到国家队教练员，训练成绩有高有低，比赛有成功也有失败。有些失败是刻骨铭心的，因为它关系到国家的荣誉。

我深刻地认识到，射箭这个体育项目，失败往往比成功更重要，它让人铭记，让人反省，让人深思。这些年我一直在学习，也一直在反省：为什么遇到了许多连我们自己都回答不了的问题，自己都说不清楚症结在哪里？复杂的起射过程，射箭的理念永远悟不到头，这就是射箭的最大特点。

回首"一生一箭"历程，我深切地感受到中国传统射箭有深厚的文化底蕴，因此，我有义务将自己对射箭运动的思考留给后人参考。

二　我与竞技射箭

（一）我的射箭竞技生涯

1958 年，18 岁的我，从山东淄博第七中学应征入伍到济南军区体工队。那个年代，学校体育活动项目很少，我所在的中学只有一个简陋的 200 米跑道的操场，上体育课就是跑跑跳跳，有技术含量的体育项目几乎为零。到部队后，领导分配我练射箭，我就愉快地接受了，从此就开启了我这一生与射箭的缘分。

5 个月后，我参加武汉赛区中国人民解放军第二届运动会。正式比赛后，大会安排了一场破纪录赛，领队让我参加。这可是头一回，那时，我对拉弓动作还没什么体会，只想着，上场后要瞄准、瞄稳，好好放。也许正是我与射箭有缘，在 30 米比赛中，射 10 支箭，得分 81 环，破了一项全国纪录。济南军区授予我三等功。

赛后我被选进八一射箭队。八一射箭队设在广州的解放军体育学院。1959年 5 月，我参加了在北京举行的中华人民共和国第一届射箭锦标赛，荣获男子全能亚军；同年 9 月，在北京举行的中华人民共和国第一届全运会上，我荣获了男子射箭个人全能冠军。

第一届全运会后的两年，国家很重视射箭运动，先后请来了波兰、匈牙利、捷克斯洛伐克等世界先进水平国家射箭队，在北京、上海、呼和浩特与我们共同训练和比赛，并给我们讲课、辅导。他们教得详细，我们学得认真。这一活动促进了我国射箭运动的发展，我的个人成绩也有了很大的提高。1959~1966 年，我获得了大部分的全国射箭比赛冠军，十项男子个人射箭全国纪录基本上是我创造和保持的。

1963 年，我们参加了在印度尼西亚的雅加达举办的第一届新兴力量运动会。国家对我们的要求很高，射箭队有破世界纪录的任务。这是我们第一次参加世界规模的大赛。当时，比赛是双轮赛制，一共射 288 支箭，分八个单轮进行，每个单轮 36 支箭，分八个半天比赛。印度尼西亚是千岛之国，雅加达在一个海岛上，海风特别大，射箭比赛最怕遇到大风。因为海风太大，前七个单轮的比赛成绩都不理想，没有破纪录。还剩最后一个 30 米单轮的比赛，希望寄托在这个单项上，当时最有希望破纪录的就是李淑兰。① 比赛开始了，开局不利，第一箭，因大风影响只射中 2 环，在几乎没有希望的情况下，从第二支箭开始，她顶着巨大的比赛压力，迎着恶劣的天气，从容镇定地起射每一支箭，连续射出 35 支"理想箭"（自己满意的箭）。特别是最后一箭，只有命中 10 环才能破世界纪录，她先后把弓拉开四次，前三次开弓不符合射 10 环的状态，都把弓放了下来。到第四次开弓，一切完美了才起射，最终命中 10 环，打破世界纪录，完成了祖国交给我们的光荣任务。这靠的是什么？靠的是坚定的信念，靠的是要等完全安静下来再放箭的技术能力，是平时练就的随心所欲的技能，要不是有自主的技术能力，全场仅剩她一个人，风又不停地刮，她不可能连续放下三支箭，在最有把握的第四次才果断射出。

李淑兰打破了世界女子射箭纪录，为新中国在国际体育赛场上争得荣誉，胜利归来，受到国家领导人的亲切接见与鼓励。射箭运动一时受到国家有关部门的重视。

---

① 李淑兰，女，河北省乐亭县人。1960 年被选入中国人民解放军体育学院运动系篮球队，后转入八一射箭队从事射箭运动，1962~1966 年连续五年获全国射箭锦标赛冠军，并多次打破全国纪录。1963 年 11 月在雅加达举行的第一届新兴力量运动会上破一项世界纪录，并获女子个人全能冠军，和两名队友一起获女团冠军。1963~1966 年先后 17 次打破 8 项女子射箭世界纪录，成为目前我国体坛打破世界纪录最多的运动员。在解放军队立一等功一次，二、三等功若干次，获国家体委授予的特等功 1 次。1964~1984 年连续任第四、第五、第六届全国政协委员。1972 年 2 月开始担任国家射箭队教练。1993 年享受国务院政府特殊津贴。2000 年国家体育总局授予"中华人民共和国体育工作贡献奖"。7 次获"国家体育运动荣誉奖章"。1 次获"国家体育运动一级奖章"。2009 年 8 月在"国珍杯共和国 60 年体坛影响力评选"中，摘得"体坛名将奖"。曾任中国射箭协会常务副主席。现任首都体育界三老联谊会副会长、中国射箭协会传统弓分会名誉主席。

（二）再度接手国家射箭队

在中央首长的直接领导下，1972年我国射箭运动得以恢复，我和李淑兰也从沈阳工厂调回北京，迎来了我们射箭事业的第二个春天。国家体委非常重视射箭运动，很快组织了一次全国射箭集训，将各省原来的射箭队教练和部分优秀运动员调回北京集训3个月。北京集训结束后，这些骨干回各省（市）去重组各省（市）射箭队，暂停了6年的射箭运动在全国很快得到恢复。

1972年，国家射箭队落户北京体育学院（现称"北京体育大学"）。我们在北京体育学院住了12年，这12年是中国射箭进入正规发展化的阶段。体育学院的领导和各教研室老师都非常欢迎我们。射箭在体能学院是新项目，又是"文化大革命"后恢复较早的竞技项目，老师和同学们常去看我们训练。院校不像一般的体工队，它是一个传授知识的园地。我没有系统学过体育理论，就向院领导申请，允许我们和普通学生一样上课，以提高体育理论水平。这期间我们跟着学生学完了"运动生物力学""运动解剖学""生理学"等课程，学习成绩虽然不好，但是我们会带着问题去听课，也学到了不少知识。

更重要的是，结识了几位专业课老师，后来他们被聘为国家射箭队的顾问。生物力学的李良标老师常到训练场，帮助我们用生物力学原理对弓箭进行了调整组装，调整运动员的射箭姿式，使之更符合生物力学的要求。解剖学的卢义锦老师，讲解肌肉用力的道理，为了准确说明在起射一支箭的过程中正确用力的部位和方法，夏天我们把测试的仪器搬到教室外的路灯下，我做模特拉弓射箭，他把肌电贴片贴到要测试的肌肉上，把电波记录下来进行分析，连续几个晚上，积累了不少资料，解决了平时训练中遇到的许多问题，明确了拉弓时正确用力的根据。这些都是基础理论，对提高训练水平起到了很大的作用。

北方的冬天太冷，没有室内训练场地，我们就去广西武鸣冬训基地训练，还特意请这几位老师去广西武鸣给队员讲课。他们和运动员同吃、同住、同训练，密切了与运动员的关系，谈问题、解决问题更能做到有的放矢。那些年是队员创造优异成绩的高峰期。

在北京体育学院领导的支持下，李良标、温玉华、孙婉蓉、祖振荣等和我一起编写了《射箭运动教材》一书，这是中国第一部比较系统的射箭教材。

1985~1990年国际射箭竞赛场上成绩提高很快，而我们与之相比，成绩还有所不足。除 1987 年第 34 届世界射箭锦标赛女子运动员马湘君获世界冠军、姚亚文获季军外，其他国际大赛的成绩平平。特别是 1990 年，在北京举行的亚运会射箭比赛中，中国射箭队全部失败，就像天塌了一样，射箭运动的声望一下跌入了谷底。

比赛的失败，主要责任在教练，被批评指责的也是教练。为准备这届亚运会，几年的苦练，该想的都想了，该干的都干了，最终还是失败了。我思考了几天，找不出原因，最后的结论是"我不会当教练了"，于是向领导写了辞职报告，并对领导说，不是闹情绪，真是不知道下一步该怎么练了，请领导理解，换个教练吧。领导不同意，让我总结一下经验教训，继续当教练。

（三）巴塞罗那奥运会的突破

卸不下国家队教练的担子，我再度陷入了深深的思考，仿佛感觉到在我的教学中，总有一个问题没解决，这个问题若隐若现，就是抓不住，点不破。我到处找运动训练学专家讨教，给他们讲解射箭的项目特点，讲我的训练过程、我的比赛方案等。几个知名的专家都热情接待了我，仔细听我讲解，认真地谈了他们的意见和想法，事后我仔细想想，他们说的都对，但并不是我想要的答案，我思想深处的问题并没有得到解决。

1991 年，全国射箭锦标赛在内蒙古呼和浩特市举行，在那里我碰到了广东队教练李顺福，他是我的大徒弟，和他谈了亚运会的比赛情况和自己的失落。他建议我找广州体育学院徐永刚[①]教授谈谈，当时徐教授正在射箭锦标赛现场调研，我们连续谈了 4 个晚上，他只听我讲，几乎不回话，偶尔问两个问题。最后一个晚上，他说，你的计划、训练都很好，就是没注意"调控训练"……听到"调控训练"这四个字，我心里一惊，这可能就是我几年来要寻找的症结。当时我就说："你一箭中鹄，给我解决了难题，我现在正式聘请你任国家射箭队顾问，回北京正式下聘书。"

当时距巴塞罗那奥运会还有 11 个月的时间，我请他帮我制订一个训练计划。我原设想将赛前时间作为一个大周期安排，分三个阶段：第一阶段为冬训阶段，科学安排，力争技能上有较大突破，成败在此一举；第二阶段为过渡阶段；第三

---

①   徐永刚，广州体育学院院长、教授，运动训练学专家，时任广州体育学院科研处处长。

阶段为赛前阶段，安排 8 周时间，多用一些时间调控运动员的技术状态比较稳妥，万一出什么情况有时间调整。

到北京后，我们进行了几天开诚布公的讨论，达成了四点共识。其一，奥运会指标：保八进四，力争更好。其二，训练指导思想：以"调控训练"为主要手段，以最佳竞技状态进军巴塞罗那。其三，主攻方向是小周期（七天）训练：时间短，小周期好调头，充分运用"量与强度"的不同组合，防止运动员进入疲劳状态。其四，控制好赛前八周：把可能遇到的问题充分考虑到，并一一提出对策。

当时世界女子射箭界，最强的是韩国，独联体紧随其后，美国队、德国队、英国队、法国队、荷兰队、波兰队、匈牙利队也是强队。奥运会是大赛，各国队伍都是有备而来的，打入八强的每一步都相当艰难。

女子团体决赛开始后，我们既艰难又顺利地突破了道道难关。先后战胜瑞典队、荷兰队，进入四强，三位姑娘状态良好，情绪高涨，信心十足，我的内心也轻松了很多。

与独联体队争夺进决赛的比赛是关键之战，开始打成平局，进入一分钟三支箭的决赛，这是奥运会比赛中最难过的一关，气氛高度紧张，我要求她们做到三个字："沉住气"，时间越紧越要慢，用"心"去射。晓竹当年成绩稳定，射第一支箭，击中 10 环；王红第二支箭，我看她第一次瞄准稳定后没放，惊出一身冷汗。当时教练员不能入场地，场地内的晓竹、马湘君大声喊："顶住！""果断撒！"王红出手，箭向靶心飞去，与晓竹的箭紧紧靠在一起，而此时独联体选手的前两支箭也是 10 环。第三支箭轮到马湘君，老马是老队员，有定海神针之妙，她沉着开弓、稳定瞄准，果断撒放，正中靶心，又一个 10 环。一组三箭皆中靶心，射出第 25 届奥运会射箭比赛的最高水平，而独联体队员最后一支箭只射中 8 环。中国队顺利跨入决赛。女子团体高水平发挥，连射 3 个 10 环，当场博得国际射箭界人士的惊叹与赞赏。

从当时的实力来说，独联体的女子射箭团体是一支劲旅，与韩国队不相上下，她们的教练是我的老朋友，在奥运会前的国际大赛上，我与他们经常会面。有一年在德国比赛，那时还是双轮全能的赛制，前两天进行的第一单轮比赛，苏联队（当时苏联未解体）打破了单轮团体的世界纪录。比赛结束时间是下午 4 点多，各队都离开赛场回宾馆了，我回来时发现苏联队没有回来。6 点钟用餐时，苏联队还没有回来，快 8 点了，他们才回来。我请翻译人员侧面向苏联队员打听他们干什么去了。之后翻译人员告诉我，苏联队员说他们在场地又训练了 3 个小时，练的是基本技术。当时我就想，刚打破了世界纪录，又是比赛的中间阶段，紧接着又进行 3 个小时的基本技术训练，是一次完整的训练课，这个强度，我们做不到，我们也不敢进行这样的训练安排。我心里清楚，我们的队员没有这个实力，如果我们这样训练，队员的体力会承受不住，直接影响第二天的比赛。规范的顶尖技术，必须靠强有力的体能保证。技术水平在比赛中稳定发挥也必须靠强有力的体能保证。因此，苏联队是国际射箭赛场上一支训练有素、作风顽强的劲旅。

但是这次面对强手，我们闯过了这一关。这是"中庸"和"调控"的胜利。

三　重新认识传统射箭

（一）　我与传统射箭的因缘

1965 年我开始从事射箭教练工作，从"八一队"教练一直到国家队总教练，长期奋战在竞技体育一线，竞赛夺标的压力、奥运战略的金牌计划，令一线教练不堪重负。1993 年 11 月，在国家体委运动司召开的"1996 年奥运会准备会议"上，我突发脑梗塞，被送进医院，有惊无险地被抢救过来了。当我清醒过来后，躺在病床上，满脑子仍然是射箭的事情。我静思自己的执教之路：当了这么多年的国家队总教练，还担任全国射箭协会教练委员会主任的职务，中国射箭队在比赛中还是失败的多，成功的少，问题出在什么地方？几十年来，我兢兢业业地教，几乎年年被单位评为"先进"，运动员也勤勤恳恳地练，为什么会是这样的结果？总感觉到哪里有问题，我的训练中好像缺一点东西，总感到教运动员只教了一半，有一半我没教。那一半是什么？我找不出原因，百思不得其解。

1996 年，香港射箭协会邀请我和李淑兰赴港主持射箭教练培训班，这期间，由香港射箭协会安排，结识了时任香港特区政府知识产权署署长的谢肃方[1]先

---

[1] 谢肃方，英国人，1974 年获爱丁堡大学中国文学荣誉硕士，1994~2011 年任香港特区政府知识产权署署长。现担任香港历史博物馆顾问、香港理工大学客座教授、深圳市孙子兵法研究会副会长。传统箭艺研究学者，研究涉及中国、日本、韩国及蒙古的箭艺。曾出版《射书十四卷》（2000）。

生，交谈中，他谈了中国历代的射箭典故，各朝各代的射艺名人与众多的古代射书，等等。我听后大吃一惊，一个外国人如此了解中国的传统射箭，我这个搞射箭专业的人，对中国传统射箭历史知识如此缺乏，实属不该。以射箭为缘，我们成了好朋友。

我开始关注传统射箭，我预感，在传统射箭中有我多年训练工作缺失的东西。

回想我初学射箭时，没有现代弓箭，也不懂现代射箭技术，我的启蒙老师还是传统射箭的徐良骧老先生，他老人家在我的射箭生涯中起到了很大的作用。徐老先生年轻时是北京地区有名的武术、射箭高手，新中国成立后在北京戏剧学校（现为"北京戏曲艺术职业学院"）任教，并担任过全国武术射箭比赛的裁判。1959年5月，在北京举行新中国成立后的第一届全国射箭锦标赛，赛后，为了学习现代射箭，国家体委邀请波兰射箭队举行了中波射箭友谊赛，徐先生任中国队教练，这是我第一次参加国际射箭比赛，第一次接触外国人，对比赛规则一无所知，就是在这种情况下，徐先生带领我们几个年轻人，顺利完成了比赛任务。我们比赛成绩虽然不好，但收获很大，为现代射箭运动在中国的发展奠定了基础。

从香港回北京后，我开始寻师讨教，遍访民间射箭名人。但是那时候最难的事情是找不到传统射箭器材，当时我还是国家射箭队总教练，现代射箭器材什么都有，但用不上。那时，在北京找不到一张传统弓、一支传统的竹箭或木箭。机缘巧合，1998年，北京聚元号传人杨文通主动找上门来，要求协助推销他制作的"聚元号"传统弓。我和谢肃方一起为北京"聚元号"弓箭铺的恢复做了大量工作。我们也联络射箭界的领导与热心人士，积极推动民间传统弓射箭的开展。

我国是多民族国家，民族地区射箭运动有广泛的群众基础，但各民族所用的弓、靶、射箭方法都各具特色。为了便于交流与竞赛，经过多年的努力，我们将裸弓、后手勾弦、竹木箭作为传统弓箭竞技的基本要求。

2004年2月10日彭林①老师的《从〈仪礼·乡射礼〉看中国古代体育精神》刊登在《光明日报》。那时我还读到了彭林老师的另一篇文章，讲的是他在

---

① 彭林，清华大学首批文科资深教授，博士生导师，国际儒学联合会理事，与韩冰雪合著有《礼射初阶》（人民体育出版社，2016）。

韩国访问时，同韩国"白云亭"的射师谈论传统射箭的故事。这两篇文章让我了解了许多古代射箭知识，成为我学习中国传统射箭理论的引路石。

从此，我愈加积极地从中国传统射箭中去寻找我缺失的"另一半"。这期间，我主要做了两项工作：一是拜师求教；二是收集资料。我经常到北京的琉璃厂老书店去淘传统射箭的古书。我读到余觉中①老师翻译的德国人欧根·赫里格尔的《学箭悟禅录》，如获至宝，反复研读，还专程登门向余老师请教，我认为这本书中东方的智慧，是中国文化的一种映射。同时，我还先后向杨弘②、马明达③、卢元镇④等老师学习请教过。

（二）"重过程""重育人"的传统射箭

我认为，从文化的角度来思考，现代射箭运动是由西方引进的一种体育运动，它重视的是器材和结果，传统射箭是对中国历史文化的传承，有深厚的文化底蕴，它重视的是过程，是以人为本，立德树人，术道并重，内外兼修。

传统射箭不仅是体育，更是一种文化，是由"术"和"道"共同组成的，单从体育技术方面谈射箭，说不清，有些问题也解决不了，现代有好多射箭人并没有认识到这个问题。

我国的传统射箭，经过 20 余年的推动，已开展得轰轰烈烈，从青藏高原到山东大地，从东南沿海到新疆盆地，从东北到云贵，全国各地都有传统射箭的活动。特别是在大、中、小学校，已涌现许多传统射箭学生社团。2021 年，第四届中国大学生射艺锦标赛在上海对外经贸大学举行，在疫情防控常态化下，还有 61 所学校参加。这说明了什么？这是传统文化的魅力。

"礼射"在中学、小学，受到了学生和家长的欢迎。高等院校的传统射箭也是以"礼射"为主，礼射的基础在射，核心在礼，直指修养品德，强健身体。毛泽东曾经在《体育之研究》中提倡："文明其精神，野蛮其体魄。"礼射的教

---

① 余觉中，北京外国语大学教授，出版译著《学箭悟禅录》（〔德〕欧根·赫里格尔著，黄山书社，2011）。
② 杨弘，中国社会科学院考古研究所研究员，中国古代兵器考古研究专家，中央美术学院客座教授。
③ 马明达，暨南大学历史系教授，博士生导师，兼任中国美术学院博士生导师、《武学》主编、《暨南史学》原主编，著有《说剑丛稿》等，主编《中国古代武艺珍本丛编（上、下辑）》16卷本（齐鲁书社，2022）。
④ 卢元镇，华南师范大学教授，博士生导师，著名体育社会学家，著有《体育社会学》等教材。

育功能很好地诠释了这句话。彭林与韩冰雪合著的《礼射初阶》认为:"弓箭是人类最伟大的发明之一,世界各国都曾将弓箭作为武器和工具用于战争和生产。唯有中国赋予弓箭修身修德的礼器身份。因此,礼射成为中国特色的弓箭文化,儒家极力倡导习射修身,做到'仁者如射,射以观德',中国的礼射对东方各国弓箭文化产生深远影响,在先秦学校中,礼射就是'六艺'之一,是学子必习之技,国家选拔人才也都通过相关的礼射考核。今日国内诸多高校开礼射课程,正是礼射回归教育的真实写照。"

《中国大百科全书》对射箭的定义为:"利用人力将弓拉开,把箭射出,在一定距离之内比赛射准和射远的体育运动项目。"当年,我参加了这个条目的编写,现在,我觉得这个定义要改,不是因为错了,而是不全面。传统射箭传承的是中国传统文化,传统射箭重在过程,不仅是为了射准,而且实现了对射手的教育,这个教育过程不仅完善了技术,而且完善人格魅力,提升了射手品德修养。这就是中国传统射箭的魅力,这就是中国传统射箭的内核,是现代欧美竞技射箭不能比拟的。因此,《中国大百科全书》应把我们的传统射箭解释得更清楚、更全面,否则会误导中国射箭爱好者。

我国目前存在两种射箭方法,这两种方法,在修炼理念上有很大的不同,现代射箭重结果,传统射箭重过程。其实它们并不矛盾,应互相包容,相互学习,取长补短,共同提高。如果把传统与现代融合起来,就把"术"与"道"结合起来了,术与道的结合,会产生巨大的物质力量,创造出世界最先进的修炼方法。中国射箭"术"与"道"完全融合之日,就是中国射箭腾飞之时。

四 传统射箭的底蕴在传统文化

我自从踏上研究传统射箭这条路,虽然领会不深,一直感觉学不完,正如哲学家冯友兰教授所说的,哲学的探索一直"在途中"。从目前的领悟来说,我认为传统射箭的精髓可以归为二十四个字:术道并重,射箭之基;哲学三秒,随心所欲;调控训练,中庸之道。

(一) 术道并重,射箭之基

术与道的有机结合,是射箭的根本。"术道并重"是传统射箭最核心的理念,人们对"道"与"术"二字并不陌生，但在长期的修炼实践中全然不顾它们的存在。我本人就是一个典型的例子。修炼过程中不怕苦、不怕累，埋头于射箭技术，不知撞了多少次南墙，走了多少弯路，才逐渐认识到"术道并重"的意义。

"术道并重"，是传统射箭必须遵循的原则。术与道相互依存，不能分割，"以术入道"是我们应该遵循的修炼之路。庄子说，"以道驭术，术必成；离道之术，术必衰"。因此，射每一支箭，术和道必须密切配合，相互促进，方可成。就像鸟的两个翅膀，密切配合才能在天空翱翔。一位射手如果真正掌握了术与道的核心理念，他就会像一只雄鹰在天空中自由地翱翔，在比赛场上能够随心所欲地射箭，否则，将一事无成。这是中国传统射箭的修炼理念。传统射箭在我国断代多年，现在射箭的人知道的不多了。这就是当前中国射箭运动的短板。

世界各国几乎都有自己的射箭传承，世界上几乎找不到从未使用过弓箭的民族。世界各国的射箭发展史唯有中国最独特。我国的弓箭史源远流长，春秋时期，诸侯纷争，弓箭越来越成为战争中不可或缺的角色。意味深长的是，正是在这崇尚武力的时代，儒家却将弓箭变成礼乐教化之具，引导社会走向和平。这个"铸剑为犁"的伟大变革，是中国射箭发展史上的一次大革命。祖先们丰富的射术经验、精湛的射器制作技艺以及深厚的射箭文化底蕴成为我们取之不尽、用之不竭的文化宝库。

"道"与"术"是两种不同的修炼理念。多年来，我们在射箭修炼时主要以术为主，比赛成绩总不尽如人意，找不出原因。近年来，认真学习中国传统射箭文化，我逐渐感悟到在射箭修炼中，"道"是不可或缺的，"道"与"术"共同组成了射箭这个整体，两手都要抓，两手都要硬，缺了谁也不行。"道"是指导思想，"术"是方法，道、术合而为一，才是正道。这是对射箭修炼认识的一种升华。

现在如果有人问我什么是射箭，我会这么回答：射术+射道=射箭。这是我对射箭的理解。

传统射箭最大的优势是"术道并重"的修炼指导思想。从目前的修炼状况来看，"术"好学，"道"难修。这是方法问题，更是认识问题。"以术进道"这条路虽难走，但能走，想射好就必须走。这条不平坦的路怎么走？古代王琚①

---

① 王琚，唐代人，生平不详，留下《射经》传世，其中有"射有十不可：他想不可；他忧不可；奔走而至不可；醉不可；饥不可；饱不可；怒不可；不欲不可；射多而好，不止不可；争奋不可。"

的"十戒"是秘诀。这十条哪一条也不难，只要有恒心就能做到。常言道："射箭最难的是坚持。""坚持不了"是人性的一大弱点，只有战胜自我，拥有永往直前的意志，才是强者，才能成为一位有希望达到光辉顶点的射手。

这个问题从 20 世纪七八十年代我就察觉到了，也想了许多办法，效果不明显。达不到我们预期的修炼效果，其实还是因为不理解"术道并重"这个修炼理念，想来想去还是路走得不对。

以前只知道做政治思想工作，政治思想工作很重要，是做人的方向，是"立德树人"的重要手段。但是，作为运动训练只做好政治思想工作还不够，还应该有科学的心理训练。政治思想工作和科学的心理训练有共同之处，但又有所区别。

刚学射箭时不知道有心理训练。"文化大革命"后回到北京体育学院。院领导让我们研究一下射箭的心理训练。我找了几位 20 世纪 50 年代去苏联学心理学的老师一同座谈，开始了心理学的学习课程。我在平时修炼时采用过一些心理训练方法，但运用到射术训练中并没有效果，运动员不愿意练，比赛也用不上。这些都说明，这些心理训练方法不是我要找的方法，不符合射箭项目最基本的特征。当时，我已初步认识到，运动员的心理素质非常关键，要想办法提升。不解决这个问题，修炼水平很难提高，比赛想发挥最高水平也无法做到。

彭林老师多年前曾说，现在射箭的心理训练，不是心理训练，是生理训练。我听后想了很长时间，感觉有道理。道理就在于，平常的心理训练、训练和比赛是脱节的。

"清净无为"是射箭的最高心理境界，不论是修炼还是比赛，必须向这个方向努力，特别是修炼时更应如此。修炼时，心、技必须融为一体。射手站到起射线上，最基本的要求是必须先"入静"，从"静"开始起射一支箭，从"静"开始完成一堂修炼课。这是射箭的最大特征，只有这样修炼才能事半功倍。

射箭修炼的目的有三点：一是修心；二是提高射术能力；三是提高比赛水平。

怎样修炼才能使射箭动作稳定，在任何情况下"永恒不变"呢？射箭表面看起来很简单，就是一拉一放，谁都能做，但要把箭射准，又很难，特别是在高度紧张比赛时更难。怎样才行？只有一条路，就是走"以术入道"的修炼之路。长期坚持对规范动作进行一丝不苟的修炼，练习时必须做到"道术"同步。千万不要练不规范的动作，一次也不行。古人曰："勿以恶小而为之，勿以善小而不为。"这句话同样适用于射箭训练，这也是射箭运动员的修炼特点。这个特点很多人不太相信，总认为平时射两支不规范的箭无所谓，比赛时注意就行了。实践证明并不是这么回事。练了不规范的动作，你就有了一个污点，就不是白玉无瑕了。这个污点在一定条件下就会给你带来负面反馈，造成失误箭。这一点对每一位射手都很重要，特别是经过多年修炼成绩优异的射手，更应该注意。射手起射的每一支箭，不是在强化一个好动作，就是在强化一个坏动作。每一位射手对自己射出的每一支箭都应一丝不苟，都必须有敬畏之心。这样建立的"条件反射"才是最牢固的，最"永恒"的，最能经得住比赛考验的。要达到这个目的，必须坚持"术道并重"的修炼原则，没有别的选择。

射箭靠用"心"，用心在入"静"。把身心安静下来，去除一切杂念。

这件事说起来容易，做到很难，难就难在修炼方法不清晰，具体怎么修炼才是正确的？"以术悟道"是一条光明大道，但又是一条陡峭山路。战胜自我就能走通。"只有不畏劳苦沿着陡峭山路攀登的人，才有希望达到光辉的顶点。"到达顶点后你的修炼就到达了一个新的境界，进入一个新的层次，从"必然王国"到达"自由王国"。

（二）哲学三秒，随心所欲

射箭中"随心所欲"的境界，由"哲学三秒"来保障。

近年来，我一直在思考一个问题，射箭项目的特点到底是什么？它与一般体育项目有何不同？为何苦练不一定能出好成绩？有人平时修炼动作挺好，一到比赛就不行了，有人比赛开始表现很好，一到关键时刻就出问题，技术不能自如，跑远箭。什么样的射箭是最理想的？怎么修炼才是正确的？

2017 年 8 月 2 日至 4 日在嵩山少林寺，举行了首届无遮大会——少林禅弓射箭邀请赛，卢元镇老师观摩了这次比赛。赛后大会出版了一本纪念册——《少林禅弓》。卢老师在纪念册上发表了一篇文章，题为《无遮无拦、百发百中——观摩少林寺无遮大会禅弓比赛散记》。卢老师写了如下一段话："射箭活动与其他许多体育活动不同，它的动作过程中有一个聚精会神的阶段。只有当射手心无旁骛时才能调集膂力，在无感觉中平静撒放。李淑兰对青年运动员说：'拉满弓后，要有三秒钟的停顿，要等完全安静下来再放箭。'她从 1963 年至

1966 年，曾先后 17 次打破 8 项女子射箭世界纪录，7 次获 "国家体育运动荣誉奖章"。她这'三秒钟'论说，不仅是她对射箭技术的提炼，也是她人生经验的总结。我称它为'哲学三秒'。"

卢老师的这段话，我读了若干遍，也想了若干遍。我认为这段话，特别是 "哲学三秒"，说到我们射箭的 "核心" 里去了，他提出了一个绝妙的概念，堪称神来之笔。这个 "哲学三秒" 不能仅仅理解为是一个时间概念，它更是一个综合要求，在时间上，3 秒、4 秒、5 秒，甚至在特殊情况到 7 秒都行，要求的是修炼硬功的过程。我长期在思考这个问题，却没有在这方面进行总结，真是 "不识庐山真面目，只缘身在此山中"。

事后，我们和卢老师交流了多次，争取早日理解他的思路，因为这段话对射箭训练太重要了。正像他说的那样，"射箭活动与其他许多体育活动不同"。它有一个独特的特点，这个特点是什么？我感觉到了，但没整理出来。找不到或找不全项目的准确特点，怎么能搞好训练工作？近年来，我总感觉到有一个 "阴影" 在影响着我们的训练和比赛。这个阴影的根在哪里？找不到，抓不住。这个阴影就像魔鬼一样，时不时出来影响射手的修炼和比赛。此 "鬼" 不根除，就不能轻装上阵。在比赛中射手遇到这种情况时很无奈，很痛苦，我们也很内疚。

在射箭运动中有一个很突出的错误叫 "黄心病"。这个病，古今中外的射箭者都遇到过。研究传统射箭的一位射友说古代射箭就有 "黄心病"。我虽然没查到有关资料，但我相信这种说法。其实 "黄心病" 就是起射程中的一个 "条件反射"。条件反射不是先天的，是后天形成的。

20 世纪 60 年代初，东欧请来的几个专家反复告诉我们，东欧的射箭出现了一种病，叫 "黄心病"，都称它为 "魔鬼缠身"，危害很大，提醒我们注意这个问题。因为当时我们学射箭不久，不明白 "黄心病" 的含义。瞄不准怎么才能放箭呢？也不敢问。以后我们才逐渐认识了这个病。这是条件反射在作祟，平时训练还可以，一到比赛就不行了。自己无法克服这个毛病，越想把动作做好一些，反而结果越差；越想瞄稳一点，就越瞄不稳，没瞄好的箭就脱手而出。平时那些错误动作就会自然地出现了。这就是条件反射，是射手自己平时练习的结果。因为条件反射是后天练习逐渐形成的、高级的、需大脑皮质参与的，想改可没有那么容易。

　　我学射箭这么多年，走了这么长的路，在瞄准这个动作上，犯的错误太多了；在撒放这个动作上，"箭在弦上不得不放"的时候也太多了。"举弓不等瞄准就撒放"，有老有小，有修炼时间长的，也有学射时间不长就出问题的。近年来，我对这个"黄心病"有了新的认识，说它是病也不准确，好像有射箭就有它。怎么得的这个病？肯定不是传染的，也不是向别人学习的，它是自生的，但它不能自灭，犯过这个毛病的射手，不射箭几年了，拿起弓箭还是不行。这就是这个毛病的特点。

　　有的人出现这种现象会及时自我纠正，不会造成影响。有的人认识不到，时间长了，就形成了错误的条件反射，甚至"走火入魔"，不得不告别心爱的射箭运动，所以说"黄心病"不能犯。有人犯了不好意思承认，可以理解。因为犯这个错误的绝大部分是勤勤恳恳认真修炼、对射箭运动特别热爱的人。

　　说来说去"黄心病"是怎么形成的？其实很简单，开始学射箭时动作不规范也射，拉开弓，不顾瞄得准不准、稳不稳，就放。时间长了就形成了错误的条件反射。

　　十几年前，我们在内蒙古巴林右旗参加了一次大型的传统射箭比赛。巴林右旗是全国有名的"射箭之乡"，高手云集，村村组织有射箭队。在这广袤的大草原上，举办由 500 多名来自全国的射手参加的比赛，场面非常壮观。赛后举办了一次座谈会，参加座谈的有 100 多人，大都是六七十岁的蒙古族老射手。会上有一位近 70 岁的老射手跟我讲，他在草原上长大，从小就喜欢射箭，射了 50 多年了，现在射不了箭了。我问，怎么了？他说他瞄不准了，以前他瞄得可准了，现在不是瞄不到目标，就是瞄上了放不了箭，硬放出去，箭就跑了。当时我一听大吃一惊，这位老哥犯了"黄心病"了！我真有点不相信。在这广袤的大草原上，平时人都很少见，玩自己喜欢的射箭运动，从不受任何干扰，怎么会出现这个问题？这值得我们深思。

　　这件事对我影响很大，原以为"黄心病"不会在传统射箭里出现，现在看来我对此认识是错误的，应重新认识它。我回忆起我们年轻时成绩比较好的那几年的技术状况。

　　我有一个最基本的要求："瞄准不好不放箭"。当时我认为，射箭瞄准是最重要的，一定要瞄准，才能射准。那时由于器材的限制，不一定是瞄准靶心，也可能选择靶面的某一位置，就是这样一个位置，瞄上后也要感觉能射上靶再放箭。

在此，我告诫热爱射箭的射友们：在任何条件下都不可越射越快。宁让箭脱靶，决不可瞄准不好就放箭！建议你把三秒设成一条红线，在任何情况下这条红线都是不可踩的！

李淑兰教练是坚持"拉满弓后，要有三秒钟的停顿，要等完全安静下来再放箭"。我们俩一个共同的特点是射箭时都是"随心所欲"的。我们当运动员的时候，用的弓箭很原始，技术也粗糙，成绩也不高。但射起箭来技术是主动的，想怎么射就怎么射，很自由，是处于"引而不发，跃如也"的状态。

"信号片"的出现，是世界现代竞技射箭史上的一次大革命。比赛被允许使用"信号片"后，由于起射时兴奋点的转移，大部分"黄心病"患者的症状得到了缓解，世界射箭运动的成绩有了大幅度提高，但是"黄心病"并没有被彻底根除。有些患"黄心病"较严重的射手，在技术的深层上还存在瑕疵，在比赛关键时刻仍然受其干扰。

这就是我在这里大谈"黄心病"的主要原因。多年来，我们所经历的、所看到的真相，驱使我下决心给大家讲明白，把颠倒的认知纠正过来，让大家克服顽症，能够轻松地喜欢射箭这项运动。

"黄心病"使一些犯此病的射友把"休闲"变成了"受罪"，甚至有些"高手"也出现了"不得不放"的尴尬处境，撒放时都把自己吓一跳。

射箭自古至今就是高尚的、文明的"贵族"运动，是修身养性的休闲运动，是按照自己的意志自由选择的最佳运动方式。它不仅能锻炼身体，还能舒缓自己的身心，老少皆宜。现在我还经常用传统弓射箭，寻找年轻时的射箭感觉，享受射箭的过程，特别享受"哲学三秒"的瞄准过程和随心所欲的撒放境界。

其实解决问题很简单，只要做到放箭时能"随心所欲"就可以了，千万不要掉进"箭在弦上不得不发"的陷阱。无论想通过射箭达到什么目的，射箭时都要遵守：自由地瞄准和放箭。"哲学三秒"是实现这一原则的基础和保障。

（三）调控训练，中庸之道

只有掌握了调控训练的方法和中庸之道的理论，才能保证射手走在平坦的大道上。

根据射箭运动的项目特点，"调控训练"是最具科技含量的修炼方法。只要理解了调控训练的含义，准确掌握了运动员的技术状况，调控训练方法运用得准确合理，修炼中遇到的任何问题都可以解决。调控训练方法的运用，对教练员提出了很高的要求，教练员须事业心强，深爱射箭，善于学习，不断探索，不断调整，勇于否定自己。同时教练员也要善于教育和启发运动员。"君子引而不发，跃如也。"这句话是描写射手射箭时的状态，说的是参加射礼的君子开弓待发的英姿，让人看了就想学习、模仿，对人有一种很好的启发、引导作用。教练员也应该具有这样的风范，善于在自己的教学训练中启发运动员。

"调控训练"是最具科技含量的修炼方法，从字面上讲就是"调整"和"控制"，射箭运动的修炼过程就是在调整和控制中度过的。只要理解了调控修炼的含义，掌握运动员技术状况的准确诊断，修炼方法运用得准确、合理，修炼中遇到的任何问题都可以解决。在运动修炼中有一个道理大家都清楚，就是"量与强度的不同变化是运动训练的永恒主题"，这是体育运动界公认的理论。可是谁也没有拿出一个标准来说明这是合理的，因为修炼的过程太复杂，没有量化的标准，修炼过程只能靠自己来感悟和认识。

调控训练走的是"中庸之道"，不偏不倚，做什么事都要求恰到好处，不够不行，过了也不行。毛泽东在 1948 年 4 月同《晋绥日报》编辑人员谈话时曾说："你们的缺点主要是把弓弦拉得太紧了。拉得太紧，弓弦就会断。古人说：'文武之道，一张一弛。'"[1] 毛泽东引用《礼记》中的话告诉编辑们，工作不能偏左也不能偏右。这便是中庸之道的体现，偏左偏右都不行，要时刻反馈。射箭训练也是这样，训练时间、训练量、训练强度，都要适时调控、合理调控、科学调控。要用调控的思维将科学的训练控制在合理的道路上。这便是我们射箭训练中的中庸之道。这与我国传统文化中的"中庸"是一致的。

中庸之道是人生的大道，我学习儒家文化有限，体会不多。因我长期从事射箭运动修炼，在工作上走了不少弯路，做了许多费力不讨好的事情，这使我很苦恼。我就到处寻找"秘方"，经过多年寻访，我从传统射箭文化里找到了这个秘方。在我学习中国传统文化时逐渐学到了许多以前不懂的道理，并能在射箭运动修炼中用上，我试了一下还真有效果。

射箭运动修炼的魅力是不可预测的，没有终点，永远在路上，如逆水行舟不进则退。

---

[1]　《毛泽东选集》第 4 卷，人民出版社，1991，第 1321 页。

要想在射箭修炼上达到"天人合一"的境界，只能遵循"中庸之道"的理念，顺势而为，无为而治，不要去做一些违背修炼规律的事，修炼才是科学的、成功的。

五　小结

我从事射箭运动60余年，可以说是兢兢业业、勤勤恳恳，也算是曾经幸运地赢得天时、地利、人和：开始就能破全国纪录，接着破世界纪录，连续数年保持全国射箭冠军，到后来从"八一队"运动员转为教练员，又带领国家队多年，党和国家给予我莫大的荣誉。但是随着时间的推移，年龄的增长，在射箭的教学中，也遇到了很多困难和问题，自己一直对这些问题琢磨不透，想要继续搞好射箭，就要全面提高自己的素质，抓紧一切机会学习，补充在射箭方面的知识。这个学习过程是漫长的，只有通过量的积累，才能逐步产生质的飞跃。近年来，我一直带着这些问题到中国传统文化中去寻找答案，越学越感觉到中国传统文化的博大精深，我后悔自己学晚了，如果早几十年学习这些知识，我的射箭执教之路会是另一番景象，走的应该是一条更加科学的执教之路。

2016年里约运会上，中国射箭队比赛成绩不理想，《中国日报》记者采访我，请我谈谈中国射箭的出路，我当时随口而出："中国射箭的出路在传统射箭，中国射箭的出路在中国传统文化。"这是我学习和研究中国传统射箭的体会。过去训练的方法已跟不上世界射箭的发展形势，运动员吃了不少苦，收效不大。要改变训练理念，改变对射箭的认识，改变训练方法。

随着我国经济的发展，中国国家队聘请国外教练来执教已经很常见了，射箭队也不例外地请过多位外教。但是我认为，以中国文化作为底蕴的中国传统射箭，有我们现代竞技射箭运动训练取之不尽的源泉，传统射箭中有许多值得我们进行创造性的应用与创新。

目前，我们在训练上有很大的误区，这需要我们付出很大的勇气去纠正。关键是很多教练员、运动员和管理者还没有认识到这个误区。老子讲"形而上者谓之道，形而下者谓之器"。形而上的东西就是指道，既是指哲学方法，又是指思维活动。我们缺的是"形而上"的东西。"道"是靠悟的，要多学习，反复体悟，不是说一遍就能明白，就能在实践中运用。道也是一种技能，需要下很大的工夫去学，去悟，这个过程需要持之以恒，千锤百炼，方法就是以术悟道。

中国传统射箭发展到今天，从参与面来看已是轰轰烈烈，但深度研究与创造性的发展，还处于初级阶段，有许多需要提高与完善的地方。中国射箭界特别需要学习中国传统文化，把传统射箭的文化精华更好地发扬广大，培养更多德才兼备的射箭人才，推动中国射箭运动向更高的水平发展。

From "Skill" to "Tao": My Thoughts on Chinese Archery

Xu Kaicai

Abstract：Archery is an Olympic sport. The modern archery started in China from 1959, and it broke the world's record in 1960s–1970s and won honor for our country. While during more time, the level of Chinese archery is in a fluctuation situation. Traditional archery injects fresh strength to Chinese archery in these 20 years by its rapid development in schools as the main body. The rules of "archery with the view of morality, skills along with Tao, three seconds philosophy and the mean confucian cumstance" in traditional archery, however, inspire the Olympic archery weightily.

Keywords：Archery；Traditional Archery；Traditional Culture

"体育"一词何时引入中国？

郭红卫[*]

【摘　要】关于"体育"一词何时引入中国这个问题，20 世纪 80 年代至 21 世纪初，我国学者就提出了不同看法，其中以"1897 年引入说"最具影响力，为很多著作、教材和论文所接受和引用。"1897 年引入说"的依据是《日本书目志》和南洋公学《蒙学课本》第二编"编辑大意"，这两种被认为是 1897 年出版的文献。由于目前缺乏充分的依据能够证实《日本书目志》的确于 1897 年出版，而所谓南洋公学《蒙学课本》第二编"编辑大意"事实上为 1901 年出版的《新订蒙学课本》第二编"编辑大意"，这两种依据都不足以支持"1897 年引入说"。1897 年 11 月 24 日上海出版的《蒙学报》刊登古城贞吉撰写的《蒙学会东文书报译例》，其中七次使用"体育"一词，这表明，"体育"一词通过正式出版的文献引入中国的日期不晚于 1897 年 11 月 24 日。

【关 键 词】体育；《蒙学报》；《蒙学会东文书报译例》；《日本书目志》；《新订蒙学课本》

引　言

关于"体育"一词何时引入中国这个问题，20 世纪 80 年代至 21 世纪初，

---

*　郭红卫，博士，郑州大学副教授，硕士研究生导师，研究方向为体育史。

我国学者做出了不少研究。根据毕世明（2005）的综述，研究者至少提出了 20 种不同的观点。

在这些研究中，以张天白《"体育"一词引入考》（1988）（以下简称《引入考》）的研究最为深入和具体。《引入考》认为，"体育"一词是"1897 年底由康有为和上海南洋公学的几个师范生，首先使它见诸文字的"。这里的"文字"分别是指康有为的《日本书目志》和南洋公学外院学生使用的国文教科书《蒙学课本》第二编"编辑大意"。

《引入考》一文发表以来，其观点为很多著作、教材和论文所引用和接受（董新光、曹彧、童义来、徐焕新，2003；孟凡强，2008；罗时铭，2008，2020；韩丹，2012；杨文轩、陈琦，2013，2021；段丽梅、戴国斌、韩红雨，2016）。这表明，《引入考》提出的"1897 年引入说"已经成为学界的主流观点。

本文的研究目的是，从原始文献出发，借鉴近年来关于《日本书目志》和《蒙学课本》的研究成果，分析《引入考》提出的"1897 年引入说"的两条证据的可靠性，根据新发现的文献，重新探讨"体育"一词引入中国的年代。

一 "1897 年引入说" 两条证据的可靠性分析

（一）《日本书目志》能否作为可靠的证据

《引入考》提出的"1897 年引入说"的第一个证据是，康有为的《日本书目志》收入了一部日本图书的信息，这部日本图书是日本军医毛利仙太郎和神保涛次郎合著的《体育学》。

1. 《日本书目志》的内容及其资料来源

《日本书目志》是康有为在其长女康同薇和门人赵秀伟、陈国镛、汤辅朝、欧榘甲等的协助下编成的一部大型综合性图书目录，由位于上海的大同译书局刊刻出版（康有为，2007）。除了总目和分卷目录，《日本书目志》的内容分为三个部分。第一，康有为撰写的"自序"。第二，按照门类排序的日本图书目录。《日本书目志》全书共收录 7000 余种 19 世纪下半叶日本出版的图书。这些图书被分为 15 门（每一门作为一卷，全书共 15 卷），依次为生理门、理学门、宗教门、图史门、政治门、法律门、农业门、工业门、商业门、教育门、文学门、文字语言门、美术门、小说门、兵书门（见图1），每一门之下又被分为数目不等的类，例如，生理门分为36类，理学门分为24类，教育门分为17类（见图2）等。所有图书按照门、类依次排列，每部书都依次注明了书名、册数、著者（有的注明编者或译者，还有的注明藏版来源）、定价四个方面的信息。这一部分内容是《日本书目志》的主体。第三，康有为在每一门和若干类之后撰写了按语，即评述。据统计，此类按语共有109条。

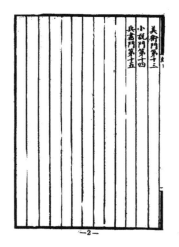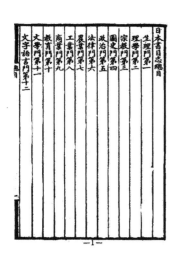

图1　《日本书目志》总目

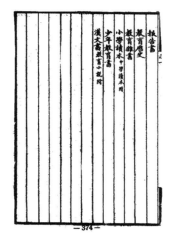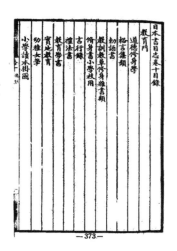

图2　《日本书目志》卷十"教育门"目录

《日本书目志》原书共 700 余页，每页 13 行，每行最多有 30 字，规模和字数不可谓不庞大。康有为是根据什么编成体量如此之大的日本图书目录的呢？他是不是在读过每一部图书之后将书目信息记录下来，以这样的方式编成《日本书目志》的呢？

关于《日本书目志》成书的经过和所收图书的来源，康有为曾说：

> 昔在圣明御极之时，琉球被灭之际，臣有乡人，商于日本，携示书目，臣托购求，且读且骇，知其变政之勇猛，而成效之已著也。（康有为，2007a：105）

> 乙未和议成，大搜日本群书，臣女同薇，粗通东文，译而集成，阅今三年，乃得见日本变法曲折次第。（康有为，2007a：103-104）

> 自丙戌年编《日本政变记》，披罗事迹，至今十年。至是年，所得日本书甚多，乃令长女同薇译之，稿乃具。又撰《日本书目志》。（康有为，2007b：88）

根据康有为以上自述，《日本书目志》成书的依据是他自己搜集的日本图书。不少学者都接受康有为的这一说法，只有茅海建（2018：282-283）、沈国威（2003；2020：250-274）等少数学者提出了质疑。茅海建推测，康有为很可能是根据日本某图书馆的馆藏图书目录或日本出版商的图书广告编纂《日本书目志》的。沈国威认为，根据当时的条件，由于中日之间缺乏图书的商业销售渠道，康有为只能依赖私人关系（例如，通过往来于两国的外交人员、商人、学者）获得日本图书，在这样的条件下，康有为能够获得的日本图书数量不会太多，他不可能藏有《日本书目志》收入的全部 7000 余种图书的原书。此外，按照康有为的日文水平，他不具备阅读这些图书的能力，不能充分理解其中的内容，其女康同薇虽然懂日语，但她也不可能将收集的全部日文书翻译或者口述给康有为。

王宝平（2013）的研究证实了茅海建、沈国威等学者的质疑。事实上，《日本书目志》是康有为等人以《东京书籍出版营业者组合员书籍总目录》（以下简称《总目录》）（东京书籍出版营业者组合事务所，1893）为基础编成的，并非康有为的原创著作。

《总目录》是近代日本第一部图书出版发行联合目录，由东京书籍出版营业者组合事务所于明治二十六年（光绪十九年，1893）7月编辑出版（见图3）。明治三十一年（光绪二十四年，1898）以后，《总目录》屡经修订，逐步发展为日本全国总目录，赓续至今。

按照先后顺序，《总目录》的内容包括序、凡例、いろは分索引（即以日语假名排序的书名索引）、横文书 ABC 分索引（即以作者姓名英文字母排序的西文原版书书名分索引）、发行所分目录（即东京 122 家出版机构或书店的名称及其发行图书索引）、分类索引（即按照图书归属学科分类排序的图书索引）、追加书目、出版及版权法、全国同业者姓名等 10 个部分，载有书名、著者、著作方式、册数、定价等信息，可分别按照书名、发行所和学科检索书目。

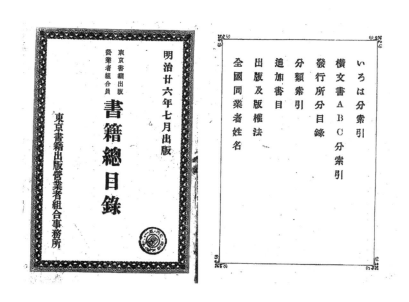

图3 《东京书籍出版营业者组合员书籍总目录》封面和目录

据王宝平的统计，《日本书目志》收入的全部图书，除了《小学作文教科书》等三种之外，其余全部出自《总目录》。当然，康有为及其弟子并非原封不动地完全照搬《总目录》，而是下了一番"撮其精要，减其无用"的功夫，将《总目录》的部分内容重新组合。具体来说，相对于《总目录》，《日本书目志》的不同之处大体上有以下四个方面。

其一，舍弃内容。《总目录》的序、凡例、いろは分索引、横文书 ABC 分

索引、发行所分目录、分类索引、出版及版权法、全国同业者姓名等部分，均被《日本书目志》舍弃。

其二，删减书目。《日本书目志》并未收入《总目录》的全部图书，而是删去了其中的 2398 种图书，包括数学、外语、宗教等学科的图书，有关中国历史、思想、文学的图书，使用英语、法语等西文著述的图书，以及一部分书名之中包含假名的图书等。

其三，整合门类。《总目录》全书共设 20 门，各门之下有二级分类，部分二级分类之下设三级分类（共有 78 个）。除了"第十九门数学书"和"第二十门外国语学书"全部未收，《日本书目志》将《总目录》的其余 18 门在数量上整合为 15 门，在名称上，除了保留《总目录》的"第二门理学"、"第六门法律"和"第八门工业"的名称，其余各门的名称都有所改动（如将"医学"改为"理学"，将"文学及语学"改为"文学"）。此外，《日本书目志》将《总目录》的三级分类全部取消，一并升为二级分类。

其四，组合、改动或舍弃书目信息。《日本书目志》的书目信息主要以《总目录》的分类索引为依据编纂。但是，由于分类索引仅包括书名、作者姓氏、定价和发行所简称四项内容，并未说明册数、作者名字、著作方式，《日本书目志》再根据《总目录》的发行所索引补充册数，补全作者姓名，同时略去发行所，改变了价格单位。此外，对于书目之中含有汉字和假名的图书，《日本书目志》删去了其中的假名，仅保留其汉字；对于含有假名的著者姓名，《日本书目志》则舍去著者信息，仅收入书名、册数和定价。

2.《日本书目志》收入的《体育学》

《日本书目志》收入的《体育学》出现在第十卷"教育门"的"实地教育"类，由日本军医毛利仙太郎、神保涛次郎合著，1889 年由东京博闻社出版（见图 4 至图 7）。

关于这部图书，《总目录》的分类索引收入的内容是"体育学　毛利　神保　正价四十钱　博文社"。《日本书目志》依据发行所分目录补全了作者姓名，改变了价格单位，按照"体育学　毛利仙太郎　神保涛次郎同著　四角"的内容收入。这就是《日本书目志》出现有《体育学》一书的来龙去脉。

《日本书目志》被认为于 1897 年出版，因此，"体育"一词就被认为于 1897 年引入中国。

图 4 《日本书目志》第 404 页印有毛利仙太郎、神保涛次郎合著的《体育学》（自左向右第 5 条）

图 5 毛利仙太郎、神保涛次郎合著的《体育学》书影

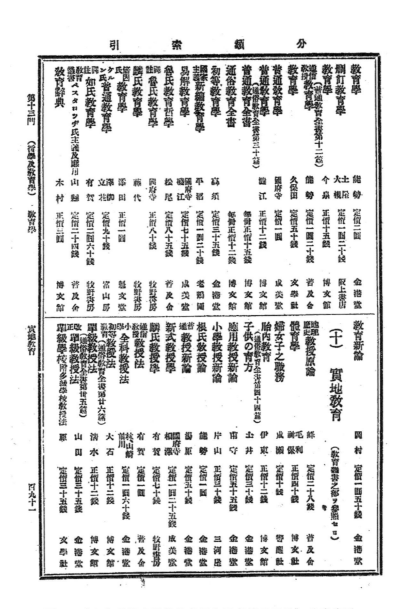

图 6 《东京书籍出版营业者组合员书籍总目录》分类索引
"实地教育" 类图书收入有
毛利仙太郎、神保涛次郎合著的《体育学》

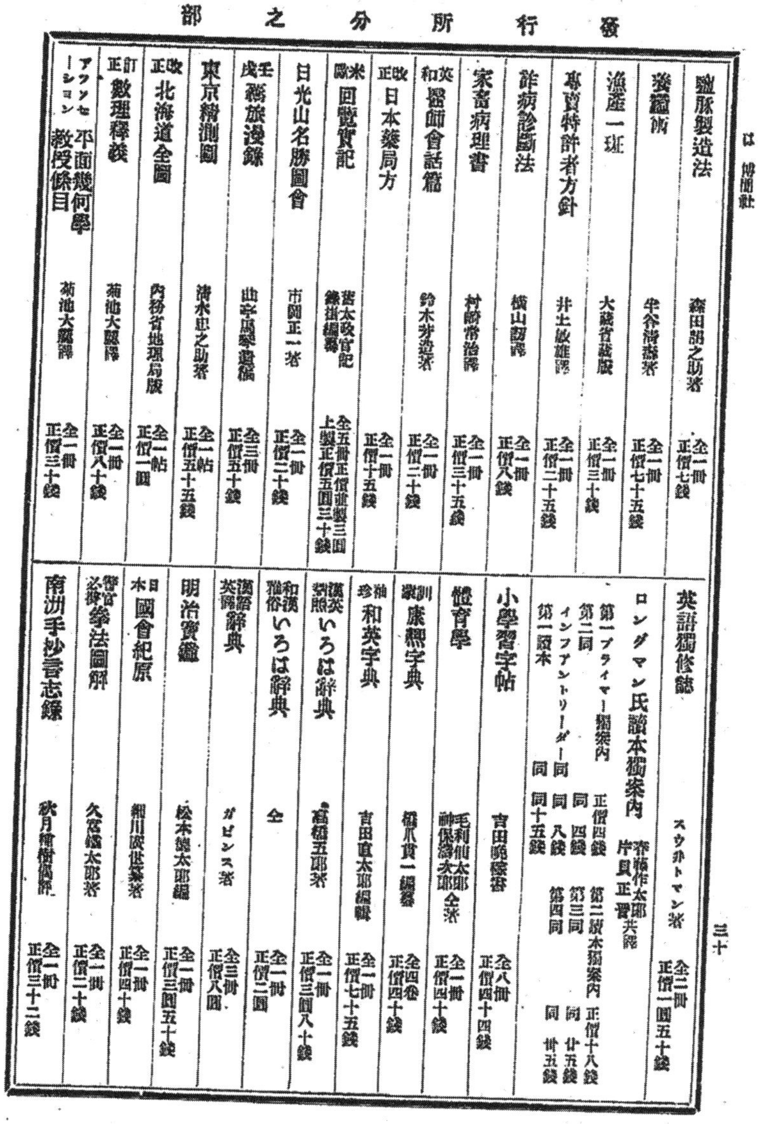

發行所之部

は 博聞社

鹽豚製造法	森田昭之助著	全一冊 正價七錢
養鷄術	牛谷清恭著	全一冊 正價七十五錢
漁産一斑	大藏省藏版	全一冊 正價三十錢
專賣特許者方針	井土政雄譯	全一冊 正價二十五錢
詐病診斷法	横山□譯	全一冊 正價八錢
家畜病理書	村崎常治譯	全一冊 正價三十五錢
英和 醫師會話篇	鈴木芳造著	全一冊 正價二十錢
改正 日本藥局方		全一冊 正價十五錢
米歐 回覧實記	當太政官記録掛編纂	全五冊 正價並製三圓 上製正價五圓三十錢
日光山名勝圖會	市岡正一著	全一冊 正價二十錢
壬戌 羇旅漫録	曲亭馬琴遺稿	全三冊 正價五十錢
東京實測圖	清水忠之助著	全一帖 正價五十五錢
改正 北海道全圖	内務省地理局版	全一帖 正價一圓
訂正 數理釋義	菊池大麓譯	全一冊 正價八十錢
アフッセーシヨン 平面幾何學教授條目	菊池大麓譯	全一冊 正價三十錢

英語獨修誌	スウヰトマン著	全二冊 正價一圓五十錢
ロングマン氏讀本獨案内 第一プライマー獨案内 正價四錢 第二同 同 四錢 インファントリーダー同 同 八錢 第一讀本 同 同十五錢	森楠作太郎 岸貝正誓 共譯	第二讀本獨案内 正價十八錢 第三同 同 廿五錢 第四同 同 卅五錢
小學習字帖	吉田晩稼書	全八冊 正價四十四錢
體育學	毛利仙太郎 神保濤次郎 仝著	全一冊 正價四十錢
訓蒙 康熙字典	樋口貫一編纂	全四卷 正價四十錢
袖珍 和英字典	吉田直太郎編輯	全一冊 正價七十五錢
漢英 對照 いろは辭典	高橋五郎著	全一冊 正價三圓八十錢
和漢 雅俗 いろは辭典	仝	全一冊 正價二圓
漢語 英譯 辭典	ガビンス著	全三冊 正價八圓
明治實鑑	松本總太郎編	全一冊 正價三圓五十錢
日本 國會紀原	細川廣世纂著	全一冊 正價四十錢
警官必携 拳法圖解	久富鐵太郎著	全一冊 正價二十錢
南洲手抄言志錄	秋月種樹偶評	全一冊 正價三十二錢

三十

图 7 《东京书籍出版营业者组合员书籍总目录》发行所分目录

东京博闻社出版图书目录中有毛利仙太郎、神保涛次郎合著的《体育学》

（第二行从左往右第十列）

3. 《日本书目志》的出版年份

《日本书目志》的确收入了毛利仙太郎、神保涛次郎合著的《体育学》，但是否能够以此为依据，得出"1897 年引入说"呢？这需要考察《日本书目志》的出版年代，如果《日本书目志》的确是 1897 年出版的，那么"1897 年引入说"能够成立，如果《日本书目志》不是 1897 年出版的，那么"1897 年引入说"就不能成立。

那么，我们如何确认《日本书目志》的出版年份呢？一般情况下，晚清出版的图书，有的在封面印有出版年份，有的在版权页印有出版年份，还有的图书的作者写有序言，说明写作和出版的年份，这些都可以作为判定晚清图书出版年份的依据。遗憾的是，《日本书目志》的封面没有出版年份，也没有版权页，康有为撰写的"自序"也未明确指出出版年份。因此，目前没有直接的依据可以准确判定《日本书目志》的出版年份，研究者只能依据间接材料推测《日本书目志》的出版年份。

有的研究者依据梁启超发表在《时务报》第四十五册（1897 年 11 月 15 日刊行）《读日本书目志书后》一文，认为《日本书目志》出版于 1897 年 11 月。但是，该文只是引用了康有为撰写的《日本书目志》"自序"，只能说明这篇"自序"写于 1897 年，并不能证明《日本书目志》已经出版。

有的研究者认为《日本书目志》出版于 1898 年春，依据是《申报》和《新闻报》都在 1898 年春季（如 1898 年 2 月 25 日、3 月 30 日）刊登了大同译书局的图书广告（见图 8），其中有《日本书目志》。

从以上两种观点来看，1898 年出版的说法是谨慎和可信的。除了图书广告，我们还可以从图书刊印出版的一般程序来推断《日本书目志》的出版时间。1897 年 10 月 16 日，《时务报》第 42 册刊登了梁启超的《大同译书局叙例》一文。据此可知，大同译书局创设于 1897 年秋。从大同译书局的创设到《日本书目志》的出版，应有一个购置设备、排版、印刷、发行的过程。《日本书目志》是否能够在大同译书局创立之后仅一个月左右的 1897 年 11 月出版，颇值得怀疑。此外，如果《日本书目志》于 1897 年底已经出版，为何大同译书局 1898 年 2 月才开始做广告呢？

因此，尽管《日本书目志》收入了毛利仙太郎、神保涛次郎合著的《体育学》，但由于不能证实《日本书目志》的确是 1897 年出版的，以此为依据将

1897年作为"体育"一词引入中国的最早年代，缺乏充分的依据。

图 8　大同译书局《皇朝经世文新编》等图书广告

（见"出新《皇朝经世文新编》"列左起第 5 列）

资料来源：《申报》光绪二十四年二月初五（1898 年 2 月 25 日）第 8929 号，第 4 版。

（二）《蒙学课本》能否作为可靠的证据

《引入考》提出的第二个依据是南洋公学外院学生使用的国文教科书《蒙学课本》第二编"编辑大意"，其中有以下文字。

> 泰西教育之学，其旨万端，而以德育、智育、体育为三大纲。德育者，修身之事也；智育者，致知格物之事也；体育者，卫生之事也。蒙养之道，于斯为备。是编故事六十课，属德育者三十，属智育者十五，属体育者十五。

由于《蒙学课本》第二编同样被认为于 1897 年问世，该"编辑大意"就成为"体育"一词于 1897 年引入中国的另一条证据。

1. 《蒙学课本》的来历、卷次和内容

为考察这种说法的可靠性，我们有必要了解南洋公学《蒙学课本》的来历和基本情况。

南洋公学是近代实业家、清末重臣盛宣怀（1844～1916）向晚清政府奏请，1896 年在上海创立的新式学校。1897 年春，南洋公学正式开学，当时仅设有师范院。1897 年秋，南洋公学仿照当时日本师范学堂设立附属小学的做法，增设外院，招收 8 岁至 18 岁学生 120 名，于 11 月 9 日正式开学，由师范院的学生为他们开设国文、算学、舆地等课程。（上海交通大学校史编纂委员会，2006）

《蒙学课本》是南洋公学为外院学生编写的教科书，其初印本或已不存。据近代出版史研究专家柳和城（2020：638-650）所见，《蒙学课本》现存有"光绪己亥南洋公学二次排印"本（1899）（见图 9）、"光绪辛丑南洋公学三次排印"本（1901）、"南洋公学堂撰刊、补香斋刘氏家塾印本"（1901）（见图 10）等再版本，这表明，加上初印本，《蒙学课本》至少有四个版本。

综合柳和城、夏晓虹（2009）、石鸥（2015）等学者对于《蒙学课本》现存印本的研究，《蒙学课本》由师范院学生负责编写和教授，编者在完成自身学业之余，"仿东西各国之法，次第译编，以为教授"，内容分为两卷，卷一有 130 课，卷二有 32 课，内容包括国文、修身、伦理、历史、地理、天文、生理、卫生、理化等诸多方面的知识，其中相当多的内容是晚清传入中国的近代西方科学知识。由于《蒙学课本》初印本迄今未见，其问世时间不能确证，一般认为，《蒙学课本》的初次印行时间为 1897 年，夏晓虹（2009：42）则依据史料推断，《蒙学课本》很可能是 1898 年问世的。

2. 从《蒙学课本》到《新订蒙学课本》

1900 年夏季，南洋公学总理何嗣焜提议，由南洋公学创办高等小学一所。经初步筹备，1900 年夏季招收了 74 名学生，计划于秋季开学，但未能实现。1901 年 3 月 1 日，何嗣焜因突发脑溢血，不幸去世。数日后，张元济（1867～1959）担任南洋公学代理总理，负责管理南洋公学。3 月 20 日，南洋公学附属高等小学堂正式开学。这时，高等小学堂的办学计划、经费和课本等筹备工作并未就绪。张元济为此致函盛宣怀，表示高等小学堂虽已开学，但"规约未具，

图 9 　《蒙学课本》（光绪己亥南洋公学二次排印本封面和版权页）

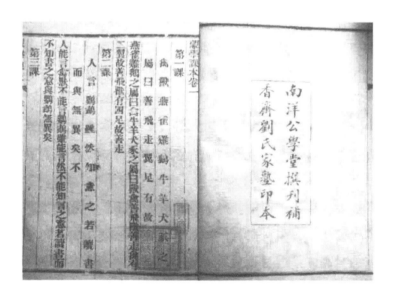

图 10 　《蒙学课本》（南洋公学堂撰刊、补香斋刘氏家塾印本）

无所率循；一切需用课本编译亦未完备，临渴掘井，窒碍尤多，当与同人拟定规则，先行试办。并将课本从速编译，以便施教。然事方草创，数月之内想未必悉臻妥善也"。（上海交通大学校史编纂委员会，2006；《交通大学校史》撰写组，

1986：69-70）

夏晓虹（2009：42-43）据张元济这封信说明的情况推测，高等小学堂开学之初，曾将外院学生使用的《蒙学课本》作为临时教材应急。但是，外院的学生年龄跨度较大，知识水平并不均衡，有一部分学生入学时已经具有比较好的文化基础，《蒙学课本》的内容具有一定的深度。高等小学堂的学生的年龄多数比外院学生的年龄小，接受程度较低，《蒙学课本》并不适合作为高等小学堂课本。

为了满足教学需要，南洋公学师范院毕业生朱树人在《蒙学课本》的基础上，专门为高等小学堂学生编写了新课本，书名前冠有"新订"二字，称为《新订蒙学课本》，以表示与《蒙学课本》的区别。

《新订蒙学课本》印量颇大，印本较多，有"光绪二十七年孟夏"（"南洋公学弟（第）一次印"）、"光绪二十七年孟冬"（"南洋公学弟（第）一次印"）（见图11）、光绪二十七年孟冬"（"南洋公学第三次印"）、"光绪二十九年岁次癸卯仲冬"（"南洋公学第四次印"）（见图12）等。根据现存的印本，《新订蒙学课本》在内容和卷次方面均与《蒙学课本》有所区别。《蒙学课本》分为两卷，《新订蒙学课本》分为三编，即"初编""二编""三编"，内容由浅入深，适合小学生使用，"初编""二编"的初印本于1901年初夏印行，"三编"的初印本于1901年冬季印行。

《新订蒙学课本》每一编都有"编辑大意"，经查验内容，前文引述的"泰西教育之学，其旨万端，而以德育、智育、体育为三大纲"等文字系出自"二编"的"编辑大意"（宋原放，2004：525-527）（见图13）。此外，《新订蒙学课本》"三编""编辑大意"有一段说明该编内容的文字，也使用了"体育"一词。

> 是编节取旧刊《蒙学课本》，汰旧益新，增删各半，重加编次，令与初、二编条理相属。都凡百二十八课：属德育者四十，属智育者六十八，属体育者十。复附尺牍十课，错综分类，犹前二编之意也。（涵子，2005：108）

这就是说，"泰西教育之学，其旨万端，而以德育、智育、体育为三大纲"

A. 光绪二十七年孟夏（1901 年夏）　　　B. 光绪二十七年孟冬（1901 年冬）

图 11　《新订蒙学课本》第一次印本封面

图 12　《新订蒙学课本》第四次印本封面和版权页

等文字的真正出处是 1901 年出版的《新订蒙学课本》的第二编的"编辑大意"，并非 1897 年或 1898 年刊印的《蒙学课本》，后者本为两卷，并无"一编""二编""三编"之分，也就不可能有"二编""编辑大意"。例如，《蒙学课本》"光绪己亥南洋公学二次排印"（1899）将两卷合为一册印制，卷一有 130 课，卷二有 32 课，在卷一和卷二的最后一课分别有"蒙学课本卷一终"和"蒙学课本卷二终"字样，封面无署名，无目录，也没有类似"编辑大意"的说明文字。

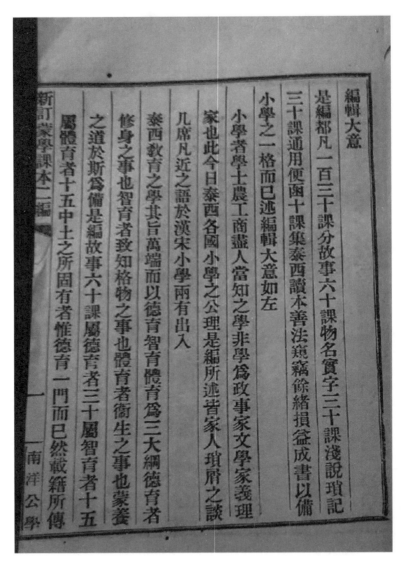

图 13　《新订蒙学课本》第二编·编辑大意

资料来源：《新订蒙学课本》第四次印本，光绪二十九年岁次癸卯仲冬。

过去不少资料将《蒙学课本》和《新订蒙学课本》相混淆，误认为"泰西教育之学，其旨万端，而以德育、智育、体育为三大纲"等文字出自所谓"南洋公学蒙学课本二编编辑大意"（朱有瓛，1983：451－452；舒新城，2012：330~331），既弄错了文本出处，也混淆了年代。"1897年引入说"将 1897年《蒙学课本》第二编"编辑大意"作为"体育"一词 1897年引入中国的依据，乃是因袭旧说。

二 "体育"一词引入中国的新发现

综上所述，"1897年引入说"的两条依据或存在疑问，或不能成立，均不可靠，不足以支持"1897年引入说"。那么，"体育"一词究竟何时传入中国的呢？

2021年1月，笔者在查找资料时偶然发现了一篇日文文章（土屋洋，2008），其中提到，《蒙学报》第一期刊登的《蒙学会东文书报译例》使用了"体育"一词，其作者为古城贞吉。这是"体育"一词引入中国的一个重要的新发现。

（一）蒙学公会与《蒙学报》的创办

《蒙学报》是中国人自己创办的最早的儿童教育刊物，创办者是蒙学公会（亦称蒙学会）。

蒙学公会由叶瀚、曾广铨、汪康年和汪钟霖等人于 1897年秋季在上海发起，实际负责人是叶瀚和汪钟霖。《时务报》第 42 册（1897年10月16日）刊登叶瀚、曾广铨、汪康年和汪钟霖联合署名的《蒙学公会公启》，包括"立会本旨""蒙会学报简章""刊报凡例""集款凡例""报馆办事凡例"等内容，标志着蒙学公会的正式成立。

蒙学公会以研究和普及儿童教育为宗旨，《蒙学公会公启》的"立会本旨"宣称：

> 蒙养者，天下人才之根柢也，根本不正，萌芽奚遂？是以屯难造物，受之以蒙，圣经遗制，规利宏远。某等痛愤时难，恐善良种子播弃蕾落，受人

踩躏，用是仰体圣心，立为蒙学公会，务欲童幼男女，均沾教化为主。

为实现创会宗旨，叶瀚等主张应从"会""报""书""学"四个方面着手，首先需要做的是办"书""报"。

立会本旨分四大宗：一曰会，"连天下心志，使归于群，相与宣明圣教，开通锢弊也"；一曰报，"立法广说，新天下之耳目，而为蒙养之表范也"；一曰书，"为图器歌颂论说，便童蒙之诵习，而浚其神智也"；一曰学，"端师范、正蒙养、造成才，必兼赅而备具也"。"今本会同志，因时习积弊欲广化而利用，故公议先以书报为起点，而以学会为归宿焉。"

就在《时务报》刊发《蒙学公会公启》一个多月后，1897 年 11 月 24 日（清光绪二十三年十一月初一），作为蒙学公会的刊物，《蒙学报》在上海正式刊行。《蒙学报》创刊号封面天幕为刊名，下有一行英文"THE CHILDRENS'EDUCATOR"[①]，配有一幅孩童读书的图画，表示刊物的定位（见图 14）。

创刊之初，《蒙学报》为周刊。从第二十六期（1898 年）起，改为旬刊。由于经费困难，办至第四十三期（1899 年），被迫暂停发行。1901 年，《蒙学报》发行第四十四期，开始续办。目前所见，《蒙学报》前后共出版七十二期，最终停刊时间不详。（赵丽华，2009；张梅，2016；王文静，2018）

（二）古城贞吉及其《蒙学会东文书报译例》

《蒙学会东文书报译例》的作者古城贞吉（1865~1949）是日本熊本人，字坦堂，精通汉语，对中国古代思想有深入研究。据沈国威（2020：372-410）考证，约在 1896 年 7 月，古城贞吉前往上海，担任《时务报》日文翻译，使用中文为该报翻译日文报刊文章。

《时务报》是清末维新运动时期资产阶级改良派的重要刊物，由黄遵宪、汪康年、梁启超、邹凌翰、吴德潇等发起创办，梁启超任总主笔，汪康年任总经理，1896 年 8 月 9 日在上海创刊，每旬出版 1 册，每册 3 万字左右。1898 年 7 月底，光绪皇帝诏改《时务报》为官报，汪康年拒不遵命，8 月 8 日，《时务报》在出满 69 册后停刊，8 月 17 日，汪康年将报名改为《昌言报》出版。

---

① 原文如此，正确的文字和标点形式应为"The Children's Educator"。

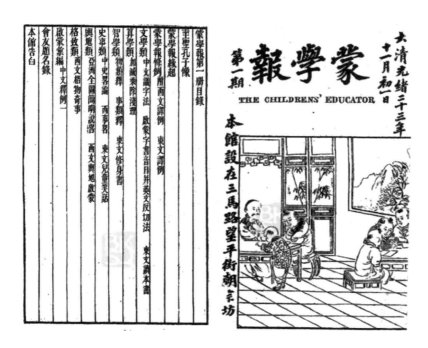

图 14   《蒙学报》第一期目录和封面

　　《时务报》设有论说、谕旨恭录、奏折录要、西文报译、路透电音、东文报译、翻译连载等栏目，鼓吹维新改革，发行数量很大，风靡全国（廖梅，2001：66-78），其读者是各地的官吏、士子、乡绅等社会精英（潘光哲，2019：172-250），在戊戌维新时期产生了重要影响。在创刊之前的筹备阶段，为了改变国人闭目塞听、坐井观天、夜郎自大的陋习，汪康年制定了积极传递世界最新消息的办报方针，他认为必须"广译东西文各报"，注重刊发西方和日本报刊的翻译和国际新闻报道，其中东文报译就是将日本报刊（包括日本发行的西文报刊和日文报刊）的文章和新闻翻译为汉语予以刊登（沈国威，2020：400-404）。

　　自 1896 年 7 月至 1898 年 2 月，除了曾于 1897 年元旦前后短暂返回日本处理个人事务，古城贞吉一直居住在上海，为《时务报》翻译了大量日文报刊的文章和新闻（沈国威，2004，2020：372-410）。据研究，《时务报》共有 56 册设有东文报译（后改称"东文译编"）栏目，其全部内容均由古城贞吉翻译，总字数相当可观，沈国威（2020：377）估计超过 40 万字，陈一容（2010）估算为 34 万多字，占《时务报》全部文字超过 1/4。

蒙学公会成立之初，古城贞吉被聘为日文翻译，为蒙学公会翻译日文图书和报刊文章。《蒙学会东文书报译例》刊登在 1897 年 11 月 24 日《蒙学报》创刊号，其目的是说明蒙学公会计划翻译儿童教育方面的日文图书和报刊文章的具体类别，"体育"一词在其中共出现了 7 次。

《蒙学会东文书报译例》具有明确的刊登日期，是目前发现的最早出现"体育"一词的中文文献，以下是其全文（见图 15）。

　　译东文书报，于教育童蒙之法，约分三纲，一曰德育，一曰智育，一曰体育。

　　东文书报译事，宜分书与报为两项。

　　东文书分五目。

　　修身书。此中含有种种立行、交际、仁爱等事，并在修身一门，揭示前贤事迹，以资效法，此属德育一门。

　　格致书。此中含物理、化学、动植物诸学，属智育一门。

　　地理书。水土之宜，体育攸关。地势气化之理，智育攸关。疆土之连隔，政俗之同异，德育攸关。故地理兼属德育、智育、体育三门。

　　历史书。观古事，可作鉴戒仿效之规式。通近事，可知强弱新旧之利弊。故历史兼属德育、智育二门。

　　算学书。象数之学，古拙而今巧，古疏而今密，新法争胜，于儿童心计，最足触发其悟性，历练其记问，比较其才力。故算学属智育一门。

　　东文报分五目。

　　母仪。胎元养志，儿童一生之意象，邪正所关，则德育之事也。乳哺劬劳，儿童一生之体质，强弱所关，则体育之事也。家居习气，儿童一生之智计，明暗所关，则智育之事也。故母仪兼属德育、智育、体育三门。

　　教授儿童法。知识初开，先入为主，或用图具，练其记才，或编歌诗，和其德性，或用问答，启其颖悟。故教法兼属智育、德育二门。

　　娱儿童说话及体操法。此属体育一门。

　　学校制度。男女平等，不学则愚。初学、中学、大学，三界递及，不容蹞等，亦不能偏重。故学制兼属智育、德育二门。

东西儿童好尚。五方风气，各不相同。体质强弱，居养亦异。立学设教，必就其人性之所近，否则败矣。此属体育一门，而为智育、德育二门之初阶也。

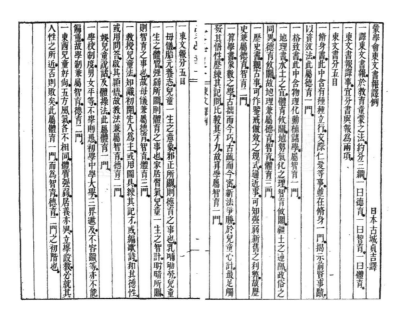

图15　《蒙学会东文书报译例》文影

三　结论

由于掌握了1897年11月24日出版的《蒙学报》第一期刊登的《蒙学会东文书报译例》这一具有明确日期的铁证，我们可以确定地说，"体育"一词通过正式出版的文献引入中国的日期不晚于1897年11月24日。这表明，"体育"一词引入中国的年代不晚于1897年，但是，其证据是1897年11月24日出版的《蒙学报》第一期刊登的《蒙学会东文书报译例》，并非以往所认为的《日本书目志》和所谓的《蒙学课本》第二编"编辑大意"。

参考文献

陈一容：《古城贞吉与〈时务报〉"东文报译"论略》，《历史研究》2010 年第 1 期。

毕世明：《二十种说法究竟哪个准确？——关于"体育"一词最早出现时间的核查》，《体育与科学》2005 年第 2 期，第 19~22 页。

董新光、曹彧、童义来等：《社会体育术语源流初探》，《体育科学》2003 年第 1 期，第 8~11 页。

段丽梅、戴国斌、韩红雨：《何为学校体育之身体教育？》，《体育科学》2016 年第 11 期，第 12~18 页。

韩丹：《对我国体育认识和概念演变之起源的探讨》，《体育与科学》2012 年第 1 期，第 1~9，55 页。

喻岳衡：《新订蒙学课本》，涵子校注，岳麓书社，2006。

《交通大学校史》撰写组编《交通大学校史资料选编》（第一卷），西安交通大学出版社，1986。

康有为：《康有为全集》（第四集），中国人民大学出版社，2007。

康有为：《康有为全集》（第五集），中国人民大学出版社，2007。

廖梅：《汪康年：从民权论到文化保守主义》，上海古籍出版社，2001。

柳和城：《橄榄集》，商务印书馆，2020。

罗时铭：《中国体育通史》（第三卷），人民体育出版社，2008。

罗时铭：《百年中国主流社会体育认知变化及其对中国体育发展的影响（1919—2019）》，《成都体育学院学报》2020 年第 1 期。

茅海建：《从甲午到戊戌：康有为〈我史〉鉴注》，生活·读书·新知三联书店，2018。

孟凡强：《体育概念在我国发展演变过程述评》，《天津体育学院学报》2008 年第 3 期。

潘光哲：《晚清士人的西学阅读史（一八三三~一八九八）》，凤凰出版社，2019。

上海交通大学校史编纂委员会编《上海交通大学纪事（1896—2005）》（上、下卷），上海交通大学出版社，2006。

沈国威：《康有为及其〈日本书目志〉》，《或问》2003 年第 5 期，第 51~68 页。

沈国威：《关于古城贞吉的〈沪上消夏录〉》，《或问》2004 年第 8 期，第 155~160 页。

沈国威：《新语往还：中日近代语言交涉史》，社会科学文献出版社，2020。

石鸥：《百年中国教科书忆》，知识产权出版社，2015。

舒新城：《近代中国教育史料》，中国人民大学出版社，2012。

宋原放：《中国出版史料·近代部分》（第二卷），汪家熔辑注，湖北教育出版社，2004。

土屋洋，清末の体育思想—「知育·德育·体育」の系谱，史学杂志，2008（8）。

王宝平：《康有为〈日本书目志〉资料来源考》，《文献》2013 年第 5 期，第 34~46 页。

王文静：《〈蒙学报〉视野下的童蒙教育变革》，华东师范大学硕士学位论文，2018。

夏晓虹：《〈蒙学课本〉中的旧学新知》，《清华大学学报》（哲学社会科学版）2009 年第 4 期。

杨文轩、陈琦：《体育概论》（第二版），高等教育出版社，2013。

杨文轩、陈琦：《体育概论》（第三版），高等教育出版社，2021。

张天白：《"体育"一词引入考》，《体育文化导刊》1988 年第 6 期，第 14~17 页。

张梅：《晚清五四时期儿童读物上的图像叙事》，中国社会科学出版社，2016。

赵丽华：《上海蒙学公会与〈蒙学报〉研究》，载中国地方教育史志研究会《纪念〈教育史研究〉创刊二十周年论文集（3）——中国教育制度史研究》，2009。

朱有瓛主编《中国近代学制史料》（第一辑下册），华东师范大学出版社，1983。

When was the Word "Sports" First Introduced into China?

Guo Hongwei

Abstract: As for the time and literature when the word "sports" was first introduced into China, Chinese scholars put forward different views from the 1980s to the beginning of this century, among which the "introduction theory in 1897" was the most influential, which was cited and accepted by many books, textbooks and papers. The theory of "introduction in 1897" is based on the *Japanese Bibliography* and the second edition of Nanyang Public School's *Enlightenment Textbook*, which are believed to be published in 1897. Due to the lack of sufficient evidence to prove that the *Japanese Bibliography* was indeed published in 1897, the so-called "editorial general idea" in the second edition of the Nanyang Public School's Primary Education Textbook is actually the "editorial general idea" in the second edition of the New Primary Education Textbook published in 1901, and neither of these two kinds of evidence is sufficient to support the "introduction theory in 1897". *The Journal of Mongolia* published in Shanghai on November 24, 1897 published the *Translations of the Eastern Document of the Society of Mongolian Studies* written by Gu Cheng Zhenji, in which the word "sports" was used seven times, indicating that the word "sports" was introduced into China through officially published documents no later than November 24, 1897.

Keywords: Sports; *Journal of Mongolia*; *Translations of the Eastern Document of the the society of Mongolian Studies*; *Japanese Bibliography*; *New Elementary Textbook*

中国体育人类学研究现状及发展新方向

舒 萍 孙 晟 孙 科[*]

【摘　　要】本文从文献资料入手，总结我国体育人类学发展的现状。目前体育人类学在研究对象上关注少数民族和传统体育、在理论上以进化论为主流、在方法上创建了体育人类学的田野调查法。研究认为体育人类学有三个可能的新发展方向：一是运动群体的研究，包括职业运动员、业余体育爱好者、学校学生等；二是都市体育的研究，都市里的体育文化也非常重要，它包括大众广场舞、各种室内外健身运动等；三是体育与全球化的研究，在全球化的视野中研究体育，有益于实现跨文化比较。这三个新方向的开拓，能从理论和方法上丰富现有的体育人类学研究，促进我国体育人类学的进一步发展。

【关 键 词】体育人类学；民族体育；都市体育

我国体育人类学是由体育学界在引入西方体育人类学之后逐渐兴起和建立的。近年来，一些学者开始对我国体育人类学已有的研究进行阶段性总结，指出当前中国体育人类学在基础理论、研究方法和研究成果等方面都面临诸多挑战。本文试图通过总结体育人类学在研究对象、理论和方法三方面的特点，结合人类学相关概念、理论知识和方法论对其进行评析，并据此展开对体育人类学发展新方向的探讨。

＊　舒萍，山东大学副教授，研究方向为文化人类学；孙晟，山东青年政治学院副教授，研究方向为旅游休闲文化。通讯作者：孙科，中国科学院大学体育部副教授，研究方向为体育历史与文化。

一 我国体育人类学发展现状

目前，我国体育人类学的发展呈现三个方面的特点：一是在研究对象上偏向对民族体育的重视；二是在理论上偏重运用人类学中的进化论；三是在研究方法上初步发展出体育人类学的田野调查法。这三个方面虽然都取得了显著的成果，但是也有值得进一步思考的地方。

（一）重视民族体育

我国的体育人类学重视民俗和少数民族体育研究，与其"舶来"之时所接收的信息有关。1990年，日本学者寒川恒夫等教授受邀前往上海体育学院讲学，正式将体育人类学引进中国体育理论界。日本体育人类学界重视民族体育的观点直接影响了中国体育人类学的研究领域。一方面，日本体育人类学启发了中国体育学界将人类学引入民族体育的研究，开拓了体育理论研究的视野；另一方面，它使中国体育人类学一直囿于少数民族和乡村传统体育研究，忽视了当今社会都市中的体育活动以及不断变化着的体育观念，从而约束了其自身的发展和提升。

1991年，叶国志、胡小明发表了《体育人类学与民族体育的发展》一文，开启了体育人类学对民族体育的研究。此后，有关民族体育的探讨层出不穷，主要集中在以下四点：（1）民族体育概念的探讨；（2）民族体育性质的探讨；（3）少数民族传统体育的考察；（4）汉族传统体育的研究。后两者的考察中同时兼顾其应用型的一面，如体育文化遗产保护、体育文化在旅游开发中的作用等。

从人类学的角度来看，概念的确立是非常重要的，它是进行深入理论探讨的基础。比如20世纪，"文化"作为一个概念引起了人类学者的热议。1952年美国人类学家路易斯·阿尔弗雷德·克鲁伯（Alfred Louis Kroeber）和克莱德·克拉克洪（Clyde Kluchhohn）在《文化：关于概念和定义的检讨》（*Culture：A Critical Review of Concepts and Definitions*）一书中列举了160多种关于文化的概念和定义并整理为六大类。[1] 人类学的不同理论流派（进化论、传播论、文化相对

---

[1] Alfred Louis Kroeber and Clyde Kluchhohn, *Culture：A Critical Review of Concepts and Definitions*, Vintage Books, 1952.

论、功能主义、结构主义等）都对"文化"有不同的见解，从而开辟了不同的理解人类文化的视角。

民族体育研究理论的构建，当然离不开对"民族体育"这一基本概念的探讨。胡小明认为"民族体育的概念通常用来称呼少数民族传统体育，或与现代正规竞技相对的民间传统体育"。[①] 秉承这一概念，学者们开始探索体育的起源和性质等问题，如胡小明进一步指出，民族传统体育是剖析体育起源和发展各阶段诸形态的"活化石"。[②]他与谭广鑫在合作的《当代中国体育人类学的发展与展望》中指出，民族体育应该包括民族传统与现代的体育以及一个国度内各个民族的体育。[③] 倪依克指出民族体育应包括少数民族和汉族的传统和现代体育。[④] 还有学者分别从"民族"的本质属性、"传统"的角度和民族发展过程专门就"民族体育"等概念进行辨析讨论，如涂传飞等指出民族认同是民族的本体属性。[⑤][⑥] 陈红新等认为民族体育包括传承下来的传统体育和已经消失的非传统体育。[⑦] 王俊奇则将民族视为一个社会历史范畴，指出民族体育有广义与狭义之分。[⑧] 笔者认为上述探讨都非常重视民族体育发展的历史阶段，胡小明和倪依克对民族体育的概括很贴近中国人类学理论对"民族"的解读。基于此，笔者认为可以将费孝通先生的"中华民族多元一体格局"理论引入民族体育研究。"多元"是指中华各民族各有其起源、形成、发展的历史，文化、社会也各具特点；"一体"是指中华各民族的发展相互关联、相互补充、相互依存，与整体有不可分割的内在联系和共同的民族利益。[⑨] 费孝通先生的理论有益于我们从纵深的角度拓宽对民族体育，尤其是当代我国民族体育理论的研究。

① 胡小明：《体育人类学概论》，《体育与科学》2000 年第 2 期。

② 胡小明：《体育人类学进展》，《北京体育大学学报》2004 年第 3 期。

③ 狐鸣、谭广鑫：《当代中国体育人类学的发展与展望》，《体育文化学刊》2008 年第 1 期。

④ 倪依克：《论中华民族传统体育的发展》，《体育科学》2004 年第 11 期。

⑤ 涂传飞：《民间体育、传统体育、民俗体育、民族体育概念再探讨》，《武汉体育学院学报》2009 年第 11 期。

⑥ 涂传飞、陈志丹、严伟：《民间体育、传统体育、民俗体育、民族体育的概念及其关系辨析》，《武汉体育学院学报》2007 年第 8 期。

⑦ 陈红新、刘小平：《也谈民间体育、民族体育、传统体育、民俗体育概念及其关系——兼与涂传飞等同志商榷》，《体育学刊》2008 年第 4 期。

⑧ 王俊奇：《也论民间体育、民俗体育、民族体育、传统体育概念及其关系——兼与涂传飞、陈红新等商榷》，《体育学刊》2008 年第 9 期。

⑨ 费孝通：《中华民族多元一体格局》，中央民族大学出版社，1989。

（二）理论的应用

体育人类学的学者在经过最初引入介绍西方体育人类学知识之后，开始考虑如何运用理论来理解体育运动。就目前发表的文章来看，总体上受人类学进化论的影响较大，这可能有以下两个方面的原因。

一是体育人类学界受到美国肯达尔·布兰查德（Kendall Blanchard）和艾丽斯·切斯卡（Alyce Cheska）出版的《体育人类学》影响。这本书的第一版于1985年发行，被认为是体育人类学作为一门学科正式提出的标志性事件。1995年《体育人类学》第二版发行，一共七章，其中第四章分析体育的史前史与远古史，第五章、第六章皆从进化的视角分析文化领域中的体育。《体育人类学》已被翻译成中文，它对体育历史的关注和从进化的角度分析体育文化的编撰体系影响着中国的体育学界。1989年，成都体育学院成立了民族体育研究室，胡小明编写了体育人类学讲义并于1999年将其修订为《体育人类学》专著；2002年，席焕久组织编写的《体育人类学》，会集国内从事医学人类学和体育文史研究的学者，以文献和学科知识的组合介绍了一些国内外研究成果和大量体育文史知识；2005年，云南师范大学的饶远引用大量多年亲身经历的田野调查，编写了《体育人类学》；同年，面向体育专业的《体育人类学》教材出版，初步形成了我国体育人类学研究的体系。围绕这样的学术体系，胡小明等[1][2]和杨世如等[3]，从参赛者体质、龙舟起源、龙舟制造、相关传说和仪式等方面开展对苗族独木龙舟赛的田野调查，并从进化论的视角分析指出，类似苗族独木龙舟这样的民族体育活动具有非体育性质，因为它们对参赛者没有产生任何体育效果，进而认为它们存在的意义主要是作为从竞技到体育的萌芽进程中的"活化石"，保障体育文化形态的多样性。

二是体育人类学界受到日本人类学家寒川恒夫的影响。寒川恒夫是将西方体育人类学引入亚洲的第一人，也是日本体育人类学的领军人物。他沿袭人类学研

---

[1] 胡小明等：《黔东南独木龙舟的田野调查——体育人类学的实证研究（一）》，《体育学刊》2009年第12期。

[2] 胡小明等：《黔东南独木龙舟的田野调查——体育人类学的实证研究（二）》，《体育学刊》2010年第1期。

[3] 杨世如、韦佳：《原始礼仪竞技的体育人类学研究——苗族独木龙舟竞技文化调查》，《贵州民族研究》2010年第5期。

究异文化的传统，认为体育人类学在研究体育起源上较其他学科有优势，因为通过对现存部落生活的调查，就会发现原始部落的人们生活处于悠闲的状态，所以体育源于游戏，而非历史学和考古学所认为的体育源于劳动和生存需要。① 这种看法影响着国内学者，如王广进认为游戏与体育的本质都是自由，体育是游戏标准化后的形态。②

　　除此之外，还有学者尝试从传播论、功能论、新进化论和阐释人类学来分析体育运动。如吉灿忠、邱丕相提出从语言传播的角度追溯不同群体之间传统体育的迁徙和传播。③ 刘礼国等从功能论的角度提出体育源于人类学繁衍需求。④ 万义等则根据新进化论的代表人物斯图尔德的文化变迁理论进行分析，指出苗族鼓舞文化变迁是其主动适应现代环境的结果。⑤ 童国军等以阐释人类学的核心思想为基点，对民族传统体育的认知逻辑和学理基础进行了分析。⑥

　　不管运用上述哪种理论视角，民族体育始终是中国体育人类学研究的主要对象，且将民族体育视为现代体育萌芽的观点具有明显的进化论色彩。这样的研究取向直接影响到目前体育人类学学科的理论基础。此外，与西方和日本的学者明显不同的是，中国体育人类学学者不仅关注文化方面，也重视体质和语言方面，进而促进了具有中国特色的体育人类学研究方法的产生，即不拘泥于参与观察和深度访谈法，提倡体质状况测量、环境器物测量和田野工作齐头并进。

　　就目前我国体育人类学界的理论现状来看，还有许多可以进一步探讨的地方。首先，一些学者在运用进化论的同时提倡人类学的整体观和文化相对论是不妥当的。进化论是一种历时的观点，而整体观和文化相对论是共时的观点；进化论认为文化遵循由低级到高级发展的规律，相对论则认为所有文化都有其存在的原因和逻辑，没有高低之分。其次，就民族体育理论而言，学者很少将体育与政治、经济、日常生活等方面结合起来，所以容易忽视人们心理因素和外部因素的

---

① 张颖、〔日〕寒川恒夫：《体育人类学的理论与实践——亚洲体育人类学会会长寒川恒夫访谈》，《武汉体育学院学报》2013 年第 3 期。

② 王广进：《文化人类学视野中的游戏、体育与民族传统体育》，《体育与科学》2010 年第 1 期。

③ 吉灿忠、邱丕相：《民族传统体育的文化人类学研究进展》，《上海体育学院学报》2010 年第 5 期。

④ 刘礼国、黄平波、徐烨等：《体育起源新说》，《体育学刊》2009 年第 2 期。

⑤ 万义、胡建文、白晋湘：《苗族鼓舞文化生态变迁的人类学研究——湘西德夯的田野调查报告》，《西安体育学院学报》2010 年第 6 期。

⑥ 童国军、候鸿辉：《阐释人类学：民族传统体育研究的一种理论范式基础》，《体育世界》2018 年第 5 期。

影响，停留在"传统"的一面，不能进一步分析不断变化的民族体育现象。比如，有的民族体育已成为向外界展示地方特色文化、吸引游客目光的旅游观光项目，而这种为游客而表演的体育运动已经失去了其"本真性"，所以这样的民族体育不可能成为"活化石"，它的变迁不是简单自变的结果，而是受到他者的影响，含有被动适应的成分。最后，文化人类学根据研究对象的不同可以划分为饮食人类学、经济人类学、体育人类学等，它们都在大的人类学理论框架之下，结合对研究对象的田野考察，发展出分支的理论。就西方体育人类学而言，已引入了性别、消费、全球化、现代化和社会变迁等理论的探讨，这些都值得我们关注。

（三）研究方法

前文提到我国体育人类学界已经发展出一套研究方法。胡小明等指出，体育人类学是借助人类学的理论和方法，研究体育领域具体问题的一门应用学科。它在方法的运用上不能因袭人类学的基本技术路线，但又要根据自身的研究特点，根据维护人类身心健康的身体运动这样的研究对象的特殊要求，加以调整并自成一体。[①] 基于这样的理解，2009 年 6 月，当胡小明在进行黔东南苗族独木龙舟调查时，他提出开展田野调查的三个重点分别为体质状况测量、环境器物记录和历史文化的深度访谈。体质状况测量是对独木龙舟选手身体素质的指标测量，是体育学者非常熟悉的方法；环境器物记录是对独木龙舟运动发生的地理环境、气候条件、生存状态和运动器械进行调查；历史文化的深度访谈是根据事先拟好的访问提纲，与被访者进行面对面的交谈并录音，重要访谈还需要摄像，且于当天整理完访谈笔记。

近年来，以实地考察和个案为基础的学术论文不断涌现，如《黔东南独木龙舟的田野调查——体育人类学的实证研究》《少数民族传统社会组织与发展村寨传统体育的关系——广西南丹白裤瑶"油锅"组织的体育人类学考察》[②]、《一项民族传统体育的文化人类学研究——广西南丹拉者村"斗牛斗"运动的田

---

① 胡小明等：《黔东南独木龙舟的田野调查——体育人类学的实证研究（一）》，《体育学刊》2009 年第 12 期。

② 张萍、王溯、胡小明：《少数民族传统社会组织与发展村寨传统体育的关系——广西南丹白裤瑶"油锅"组织的体育人类学考察》，《体育与科学》2012 年第 1 期。

野报告》①、《体育人类学视角下的苗族传统武术文化传承机制与发展创新模式——基于贵州苗族的体育人类学调查》②、《神圣与世俗的通约：原生态体育发展的人类学考察——基于慕善村花腰彝"好舞龙"活动的田野调查》③、《民族传统体育历史演变路径及启示——基于国家级非物质文化遗产瑶族金锣舞的体育人类学调查》④、《凉山彝族原生态仪式舞蹈"朵洛荷"的体育人类学考释》⑤等。这些学术论文基本上考察的是某一特定时间段在某一地区（常为少数民族地区）举行的某项传统体育活动。在人类学家看来，田野考察工作是对一社区及其生活方式从事长期的研究，是人类学家收集资料和建立理论的主要根据。无论田野是在都市、乡村，还是在丛林，都需要调查者深入当地人的生活，与当地人同吃、同住、同劳动，只有这样，才能了解当地人的语言、观念和生活模式。但是显然体育人类学者现有的调查没有采用人类学田野中长期调查和掌握当地人语言的研究传统，那么长期田野是否必要？学习当地语言是否必要？

　　胡小明将特定时期举行的民族体育作为研究重点，且认为举行民族体育的地区通常交通并不发达，所以他主张在特定时期进行短期的调查即可，只是需要调查者做好事前准备工作。⑥笔者则认为开展长期田野工作和学习调查对象的语言都有必要。在人类学家看来，特定时间里的仪式性活动与当地人日常生活的各个方面都有联系，而日常生活的各个方面需要长期的田野工作才能掌握。人类学家一直提倡学习调查对象的方言，因为他们坚信这是理解被研究对象及其社会文化的前提。虽然人类学家进入田野之初，常会借助翻译人员，但是由于翻译人员缺乏本学科的理论训练，可能忽略地方社会理解某些现象的关键概念。比如，在对苗族独木龙舟的调查中，当地人如何理解"体育"？什么样的活动是"体育"？

---

①　陈奇、杨海晨、沈柳红：《一项民族传统体育的文化人类学研究——广西南丹拉者村"斗牛斗"运动的田野报告》，《体育科学》2013 年第 2 期。

②　张忠杰：《体育人类学视角下的苗族传统武术文化传承机制与发展创新模式——基于贵州苗族的体育人类学调查》，《吉林体育学院学报》2014 年第 3 期。

③　汪雄、邓星华：《神圣与世俗的通约：原生态体育发展的人类学考察——基于慕善村花腰彝"女子舞龙"活动的田野调查》，《体育学刊》2018 年第 1 期。

④　蒋东升、唐元超、李利等：《民族传统体育历史演变路径及启示——基于国家级非物质文化遗产瑶族金锣舞的体育人类学调查》，《贵州民族研究》2019 年第 10 期。

⑤　童国军：《凉山彝族原生态仪式舞蹈"朵洛荷"的体育人类学考释》，《成都体育学院学报》2021 年第 5 期。

⑥　张萍、王溯、胡小明：《少数民族传统社会组织与发展村寨传统体育的关系——广西南丹白裤瑶"油锅"组织的体育人类学考察》，《体育与科学》2012 年第 1 期。

当地的"体育"指的是什么？如果体育人类学家懂得当地的语言，就比较容易从理论的高度提升"体育"的地方性元素，从而从理论和经验的角度展现活生生的、多样化的"体育"。因此，长期调查和掌握调查地区方言对体育人类学的发展都是大有裨益的。

二　我国体育人类学发展的新方向

从前文的分析来看，我国体育人类学在研究对象上以民族体育为主，且在个案研究中较多关注少数民族体育和民间乡村体育；在理论上人类学的进化论、传播论占有重要地位，这与学界重视民族体育的历史发展过程及演变相关；在方法上已经发展出富有自己特色的研究方法，但是在引入人类学最基本的田野调查方法时，恰恰抛弃了其最引以为傲和精华的部分，笔者认为这仍与体育人类学以少数民族体育为主要研究对象有关，尤其是许多少数民族体育运动常与宗教、仪式等紧密联系，它们常在特定的时间和特定的人文生态环境中展开，所以学者认为短期的调查已经足够。针对体育人类学发展的现状，笔者认为拓宽我国体育人类学研究的对象和领域是加强该学科建设的重要突破口，运动群体的研究、都市体育研究和体育与全球化是可以发展的新方向。

（一）运动群体的研究

体育运动以人为载体，而人类学则是一门研究人的学问，所以运动群体必然成为体育人类学这门学科的研究对象之一。这里的运动群体是指任何地方、任何时代涉及体育运动的群体。从空间来看，亚洲、非洲、欧洲、美洲等世界各地从事体育运动的群体都可以涵盖；从时间来看，历史上和当代从事体育运动的群体都可以作为研究对象。从事体育运动的群体不仅有专业的运动员，而且包括非专业的运动员（如健身者）、学校上体育课的学生和某些体育运动迷（如足球迷）。

人为什么要进行体育运动？为什么有些人喜欢这样的体育运动，而有的人则喜欢那样的体育运动？解答这样的问题有利于我们探究体育的本质，而这些问题都涉及人的体育观念。要充分理解人的体育行为的多样性，必须研究过去和现在所有的人，研究他们的观念和实践。这些人由于处于不同的文化背景之中，他们对同一种体育运动的看法可能大相径庭。体育人类学家在做田野工作的时候，要学会以被调查对象所在社会接受的方式来处理问题。

性别问题是研究从事体育运动的人需要关注的。男性和女性在体育运动中存在明显的差别。在许多人看来，不同性别之间的差异主要在于其生物生理特征，是非常"自然"且不可改变的。而人类学家的研究则表明，无论男女之间存在什么样的生物学差异，他们都具有可塑性。不同制度和文化脉络中从事体育活动的男性和女性各有其特点。此外，就体育运动本身而言，其也被赋予了男性和女性的"隐喻"，比如足球，运动量较大，它的参与者和追捧者更多的是男性。它的性别特点常为女权主义者所抨击。因此，性别及性别理论应该受到重视。

从事体育运动的人的体格塑造、认同感、凝聚力、社会层级等方面也是可以研究的问题和理论方向。以对我国专业运动员的研究为例，美国密苏里大学人类学家包苏珊（Susan Brownell）教授在"Food，Hunger，and the State"一文中，从饮食文化的角度分析了我国运动员的营养问题，以及国家制度与运动员层级体系形成的关系。她指出我国运动员有国家级、省级、地方院校的差别。对运动员的访谈显示，运动员个体在这个层级体系中流动时的感受是非常强烈的。"权力"和"权利"成为深入分析运动员营养问题和社会分层的理论切入点。[1] 以球迷研究为例，根据复旦大学人类学家潘天舒教授的介绍，有学者曾对臭名昭著的足球流氓团体"刀锋"进行跟踪调查，发现它并不像之前想象的那样有很强的组织性，恰恰相反，它的成员行为非常个人化，他们用足球来表达自己的价值观，如荣誉、耻辱和忠诚等。此外，通过球队比赛，他们看到的是自己在社会上的地位和处境。比赛起伏犹如人生沉浮，感同身受，在心理学的互动、全球消费文化刺激等种种因素的交叠下，最终形成了这样一批球迷。[2] 庄孔韶教授则聚焦讨论 2018 年足球世界杯赛，探讨"男子汉"的精神与特质从哪里来的问题。他认为"男子汉"的特质会不断变化，"男子汉"的精神与特质的动力源泉是族群认同，而族群认同常常表现为体育运动团队认同与象征的基础。[3] 由此可见，近年来学者们开始将运动群体与性别、认同等问题联系在一起展开探讨，但是成果并不多，且多为人类学者进行的体育研究，值得进一步拓展。

① Brownell Susan, "Food, Hunger, and the State", In James Watson and Melissa Caldwell eds., *The Cultural Politics of Food and Eating*, Blackwell Publishing, 2005.
② 潘天舒：《足球背后的文化焦点》，《解放日报》2012 年 7 月 3 日，第 8 版。
③ 庄孔韶：《"男子汉"精神与特质从哪里来？——2018 世界杯足球赛体育人类学聚焦》，《体育学研究》2019 年第 4 期。

（二）都市体育研究

都市是体育运动发生的重要空间。①② 如体育馆、公共体育运动设施、健身房一般都建在城市。这些运动设施往往与现代化等命题联系在一起。此外，从我国的城市体育活动空间来看，一块空地足以展开一系列体育运动，如气功、广场舞等。人类学可以引入关于都市方面的研究。

早期的人类学多研究孤立的小社会，不过到了20世纪20年代，人类学开始关注现代城市。诚然，在相当长的时间里，异文化的部落社会和农村社会研究是人类学建立理论和实践的重要来源，而在城市中的田野工作则被人忽视甚至诟病，直到20世纪70年代，都市人类学作为文化人类学的一个分支学科才建立起来。都市人类学将都市中的小集团和社区当作都市这个大体系的缩影，探求它们的独立性和与外部的联系。此外，还重视都市中围绕个人而形成的社会关系。在空间上，都市人类学研究居民居住区（如邻居、活动和居住集中地、公寓等），以及学习和工作场所（如工厂、学校等）等。在人群上，都市里居住的人（如某个城市里居住的不同人群、某一特定群体）都可以成为研究的对象。

以气功为例，香港大学人类学家宗树人教授（David A. Palmer）于2007年出版的《气功热：中国的身体、科学与乌托邦》（*Qigong Fever：Body，Science and Utopia in China*）一书是这方面研究的翘楚，此书曾获当年"许烺光东亚人类学最佳著作奖"。20世纪80年代，中国出现了一次"气功热"。全国数千万人修炼气功，"气功大师"一度受到追捧。人们为了练习气功而聚集在一起，无形中促进了不同社会背景、阶层和地区的人之间的联系。"气功热"中形成了一些组织，一般都会宣传他们的社会愿望，如促进传统中华文明的复兴，开创一次由中国领导的科技革命，以将人类带入全新的乌托邦等。③ 由此可见，只有将城市里的"气功"运动与中国社会转型、社会组织之间的互动联系在一起考察，才能更丰富我们对"体育"的认识。

---

① Gao Qiang，"Sport and City：An Inquire of Philosophical Anthropology," *China Sport Science*，2014（1）.

② Zhang Zhen，Feng Xianghong， "On Horizon，Methodology and Orientation of Sport Anthropology of Urban," *Journal of Sports and Science*，2019（6）.

③ David A. Palmer，*Qigong Fever：Body，Science and Utopia in China*，Columbia University Press，2007.

对都市的研究，使学者进行长期田野工作成为可能。现在的研究者，主要的生活和工作时间都在城市，如果研究对象是在乡村，尤其是交通不便的偏僻地区，当然很难抽出大量的时间进行长时间的考察，但是如果研究的对象在城市，则身边即是"田野"。此外，由于长期生活在城市，也不存在语言上的障碍，开展长期的追踪调研工作大有可为。人类学在都市的调研方法大概有四种。除了人类学常用的参与观察法和访谈调查法，还有生活研究法，即收集记录普通人的生活故事和生活经历；群组座谈会，即从特定的目标人群中挑选 6 ~ 10 名对象，以座谈会的形式，围绕调查主题进行讨论。① 这些方法当然都可以用于都市体育研究。

（三）体育与全球化

体育与全球化的紧密联系不仅体现在国际竞技比赛项目上②③④，还体现在受全球化浪潮的影响，运动员在国家间的流动、新的体育观念和实践的流行等方面。无须多言，以奥运会为例，每一次的体育比赛，其参赛人员、运动项目、观赛人员、赞助商都充分体现了国际化的一面。近年来，运动员在国家间流动之频繁，尤其是精英体育人才的流动成为一种备受关注的现象。新的观念不断冲击着人们对体育的认知，开始还原了很多项目的本来面貌。比如，斯诺克，由原来的大众、嘈杂的运动转变为安静、绅士的高档运动，相应地，在中国老百姓眼中，斯诺克（在民间称为台球或者桌球）从大街小巷里流行的运动转为电视节目中的高雅运动。手机、电脑、运动手环等电子设备的使用使信息交流突破了有形的空间界限，一些新的体育锻炼理念兴起并得以迅速传播。比如，在世界高科技中心美国硅谷的"白领"有着较强的体育锻炼意识，无论多么繁忙，他们都有锻炼甚至高强度运动的习惯，一方面是为了保持健康的身心，另一方面是为了凸显自己永远年轻、永不服输的心态。"硅谷"人对体育的态度被广泛传播，影响着

---

① 张继焦：《国际都市人类学：现状与发展趋势》，《中国社会科学院研究生院学报》2004 年第 4 期。
② 庄孔韶：《何谓足球的人类学研究——一个中德足球哲学实践的对比观察》，《开放时代》2018 年第 1 期。
③ 庄孔韶：《"男子汉"精神与特质从哪里来？——2018 世界杯足球赛体育人类学聚焦》，《体育学研究》2019 年第 4 期。
④ 潘天舒、何潇：《人类学视角中的竞技体育：基于民族志洞见的启示与思考》，《成都体育学院学报》2020 年第 4 期。

欧美及其他地区的白领。

综上所述，体育与全球化有着非常密切的联系，以全球化为背景研究体育现象和研究体育中的全球化现象势在必行。中国社会科学院郝时远教授于 1997 年发表了《体育运动的人类学启示》一文，是中国期刊网上较早出现的由人类学者撰写的体育全球化的文章。这篇文章立足于世界体育运动史，提出体能文化的概念，从人类学者的角度指出开展体育人类学研究的重要意义，但是他所提倡的全球化视角并未受到体育学界的重视，在相关的研究中，没人提到他的文章。可见，虽然体育人类学本身是一门体育学和人类学相结合的学科，但是两个学科之间的交流却非常有限。不过，2009 年体育人类学作为第 16 届国际人类学与民族学大会中的一个专题则可视为二者之间交流的尝试，更是我国体育人类学界与国际人类学接轨的证明。

全球化是文化人类学研究的一个重要议题。与其他人文社会科学研究全球化不同的是，人类学主张从一般人的角度来看全球和地方的互动关系，解释全球和地方社会之间联系起来的机制。流动是全球化研究中的主旋律，它包括人员、资金、物品、观念等的流动，而前文中的体育现象就是很好的例子。在理论方面，全球化中的同质性、异质性、全球—地方关系等一直是学者们探讨的问题。值得一提的是，芝加哥大学人类学家阿尔君·阿帕杜莱（Arjun Appadurai）所提出的全球文化的五种景观模式，包括种群景观、媒介景观、科技景观、金融景观和意识形态景观。[①] 一些学者据此发展出食品景观等模式，那么，体育人类学的研究是否可以发展出一套自己的体育景观来解释体育与全球化的问题呢？这还有待于我们进一步探讨。

如果引入人类学的方法研究体育和全球化，可能最大的问题在于田野工作的展开。全球化，顾名思义，发生在全球许多地方，那么，体育与全球化的研究范围将更广。人类学家以往专注于一个小社区或者一个地方的人和文化研究，摸清当地人生活的方方面面，学会用当地人的思维思考他们的文化。那么，当调查对象分布在不同的地方时，首先要从方法论上突破原有的某地或某一点的研究思维。以一个问题为纲领在不同的地方寻找其答案，或者沿着物品、观念流动的轨

---

① Arjun Appadurai, *Modernity at Large*: *Cultural Dimensions of Globalization*, University of Minnesota Press, 1996.

迹寻找全球化的过程都是有效的途径。更重要的是，不同地方的调查使跨文化比较从文献整理中跳脱出来，以经验研究为基础，在更宽广的视野中得到理论升华。

三　小结

随着经济和新媒体的发展，人们追求健康的愿望也越来越强烈。体育运动早已不是专业运动员的专利，它成为普通人健康生活的一部分。所以擅长以人为研究对象的人类学，得以切入体育研究，发展出体育人类学。人类学的分支体质人类学和文化人类学的理论与方法对体育人类学的学科建设具有重要意义。体质人类学提供了人体测量方面的方法，而近年来其与生物学、遗传学的交叉，重视遗传基因的研究成果也值得引起体育人类学的重视。文化人类学则能从理论和方法论上为体育人类学提供研究的不同视角和实践经验。但是在中国的体育人类学界，文化人类学与体育人类学的结合还处于起步阶段，只有有限的人类学的理论和方法被引入体育人类学。此外，体育人类学研究对象需要拓展更大的空间，并随着研究新方向的开展，体育人类学将围绕体育完善已有的研究，发展出有自己特色的理论，从而使这门学科得到进一步的发展。

从体育学的角度来看，体育学科需要引入人类学。胡小明认为，"引进人类学的理论与方法，使之在一个特别需要对于身体运动加以实证研究的应用领域里加工凝练，结合自身特点构建体育人类学，对体育的发展十分有益"。[1] 从人类学的角度来看，人类学的发展也需要体育，前文中人类学专家学者对运动员、球迷和气功等体育运动的研究就是很好的例证。正如尼克·贝斯那（Niko Besnier）和 包苏珊（Susan Brownell）在 2012 年《人类学年鉴》中发表的《体育、现代化与身体》（"Sport, Modernity, and the Body"）一文所指出的，近 30 年来，人类学在身体、现代化、国家、民族主义、公民身份、全球化、性别等方面的理论建树都离不开对体育的探讨，体育人类学对我们理解人类学中的重要问题做出了很大的贡献。[2] 也正是因为如此，人类学家与体育学家的交流非常重要，而这

---

[1]　胡小明：《体育人类学与学科建设》，《体育学刊》2013 年第 4 期。
[2]　Niko Besnier and Susan Brownell, "Sport, Modernity, and the Body," *Annual Review of Anthropology*, 2012 (41).

也是笔者撰写本文的基本出发点和对体育人类学蓬勃发展美好愿望的实践。

Current Research and New Development Directions of Sports Anthropology in China

Shu Ping   Sun Sheng   Sun Ke

Abstract：This paper reviews contemporary research on the anthropology of sports in China. The anthropology of sports represents three traits：minorities' sports and traditional sports are main research objects, evolutionary theory takes a dominate place in the theoretical field, and field work of sports anthropology is the investigation method. This paper suggests that the anthropology of sports may have three new directions for further development：First, research on people such as professional athletes, amateurs and school students；Second, research on urban sports, including folk square dance and interior and outdoor body－building exercises, which plays an important role in sports culture；Third, research on sports and globalization. Studying sports from the angle of globalization is beneficial for cross－cultural comparison. These three new directions can rich the research on the anthropology of sports at both theoretical and methodological levels and accelerate the development of the anthropology of sports as a discipline.

Keywords：Sports Anthropology；National Sports；Urban Sports

中国武术"打"观念的现代损益[*]

李建威　王　岗^{**}

【摘　　要】长期以来，武术基本以"打"的形象给世人留下根深蒂固的印象，并常常限定于"技击、对抗"等军事肉搏范围，不顾传统文化下"打"的特殊内涵，因而不断引起武术"会打不能打"的诸多诟病。孔子曰："礼有损益"，如果在损益的原则下重新阐释武术之"打"的含义，厘清武术之"打"是一个从"有用"到"无价"的变迁过程，用"战胜自我"的角度来重新解读"打"，并与现代社会相结合，在新的内涵基础上或许可以破解武术之"打"的难题。

【关 键 词】武术；"打"；战胜自我；损益；传统文化

前　言

提起武术，立刻想到"打"，这是我们普遍的认知，从网络流传一时的"徐小东事件"，到武术"打练结合"的倡导，都是在证明、重塑武术之能"打"。

---

* 本文系国家社会科学基金项目（项目编号：18BTY127）、河南省重点研发与推广专项科技攻关项目（项目编号：202102310647）、河南省教育科学"十四五"规划2021年度一般课题项目（项目编号：2021YB0113）、华北水利水电大学2021年度校级教育教学改革研究与实践项目的研究成果。

** 李建威，硕士，华北水利水电大学体育教学部讲师，研究方向为武术教学训练与文化发展研究；王岗，博士，武汉体育学院身体行为与健康促进研究中心教授，博士生导师，湖北省楚天学者特聘教授，研究方向为武术文化与发展。

"打"是武术"本我"属性的展现,"武术本我体现着最原始的'打'的本能",① 然而,这种"打"的观念是建立在实用性或有用性价值的基础上,在现代社会,"打"的有用性自然不再适用,可这也并非过时,恰恰相反,在现代社会我们更加需要武术之"打"的观念,只不过我们不再只关注它的有用性,"打"还可以有另外的发展向度,那就是在适当损益的前提下,重新诠释"打"的内涵,并与现代社会相结合,从而形成时下"人人会打"的积极意义。

一　武术"打"之误读:长期根植于军事之中

武术在过去被称为"技击","技击"又常被翻译为"打","'打',是武术技击的通俗说法"②,所以武术常常被限定在实用价值的范围内,也正因如此,具有实用功效的"打"自古就为武术与军事画上等号。如"武术"一词最早见于南朝刘宋颜延年之四言诗《皇太子释奠会作》,"偃闭武术,阐扬文令",此"武术"亦指军事。值得注意的是,武术与军事因"打"被等而视之,然而,由于社会结构不断分化,武术与军事在发展中又因不同价值取向的"打"而分道扬镳,形成了两种"打"的不同路径。军事因侧重实用价值的"打"而逐步脱离武术,而武术则长期根植军事之中,始终与军事"藕断丝连",不断用"打"将二者重新相连。如不弄清武术与军事在"打"的问题上有何异同,仍然以实用价值标准的"打"去衡量现代武术,那么,武术之"打"将永远被误读。

(一)武术的单兵对抗与军事的集团作战

从"打"所面对的人数范围来看,武术是以"两两相当"的单兵对抗为主,而军事则是以集团作战为主。"从属于军事文化的军事武艺服从整体大局,带有集体文化的特征。而随意得多的武术,则表现为一种个体的文化。"③ 武术作为"打"的存在形式,大多体现在个人的"私斗"上,也只有这样才能演变出身法灵活多变、刚柔相济、虚实转换、内动外静、出其不意的技击方法和要求,《吴

---

① 李建威:《"本我自我超我"视域下武术"我"的哲学反思》,《南京体育学院学报》(自然科学版)2019年第8期,第79页。

② 刘文武:《三论武术之打》,《体育科学》2017年第7期,第90页。

③ 郝勤、程大力、熊志冲:《武术与军事武艺异质不同源论》,《体育科学》1990年第6期,第7页。

越春秋》中的"越女论剑"中,对武术在个人对抗中的应用已有深刻认识。而相比军事战争,武术的规模要小得多,并且武术的许多个人技法很难得到施展,军事战争是以规模宏大的集团作战为主,军队的统一调度、整体部署、大军排山倒海式的进攻才是其真实写照。例如,戚继光在《纪效新书》中强调:"开大阵,对大敌,比场中较艺、擒捕小贼不同……一齐拥进。转手皆难,焉能容得左右动跳;一人回头,大众同疑,焉能容得或进或退?"又如《尚书·牧誓》中所记载,周武王在牧野誓师时提到"夫子勖哉,不愆于四伐、五伐、六伐、七伐乃止,齐焉"[1],意思是说作战时要随时停下来保持整体队伍的整齐划一。"战争强调的是群体的阵势、协同等,个人技术作用极为次要,通过集体的力量消灭敌人保全自己是军事武术的唯一功能。"[2] 以上均已说明武术与军事不仅在"打"的规模上存在巨大差异,在"打"的技术风格和要求上也大相径庭。

(二) 武术以徒手为主,军事以兵器至上

从"打"的主要载体来看,武术是以徒手为主,而军事则是以兵器至上。武术在古代名称多样,经历了角力、手搏、技击、角抵、相扑、套子、武艺、使拳等不同称谓的变化,从这些不同时期的命名基本可以看出武术是以徒手为主的。另外,古代统治阶级对民间习武高度警惕,常常明令禁止私藏兵器,也促使武术朝着"轻兵器重拳术"的方向发展,尤其"清代是最为典型的'武举制'与'禁武令'这对相矛盾的制度并存的时期,也是中国武术形成门派和拳种最为重要的阶段"[3]。南宋华岳的《翠微北征录》卷七"臣闻军器三十有六……武艺一十有八"[4],此时的器械与武艺显然已分离,而且武术中所流传的器械,大部分都退出了当时的军事主战场,比如,战场上用的剑在汉代就逐步被刀取代,而反观武术器械,特别是剑,即便发展到现代社会,仍然保留着一席之地,"随着时代的发展,现代剑术则以'套路为主要形式',并具有'轻盈敏捷、优美潇洒、气势流畅、刚柔相济'的风格特征"[5]。从武术器械的发展源头来看,历史

① 《尚书·牧誓》,四库全书文渊阁版。
② 孙喜莲:《武术与军事武艺辨析》,《湖北体育科技》2001 年第 1 期,第 16~17 页。
③ 张震、李亮:《清代"禁武令"背景下武举人才的来源及武术二元发展趋向》,《成都体育学院学报》2021 年第 6 期,第 48~54、61 页。
④ (宋) 华岳:《翠微北征录》,宋集珍本丛刊,线装书局,2004。
⑤ 余梦露:《武舞相融中"剑"的舞台艺术探寻》,《首都体育学院学报》2017 年第 6 期,第 526 页。

上每当武术从军事中分离一次，就会出现武术的艺术化改造。武术徒手形式因其"无形性""便捷性"的特征，往往容易逃过禁武令的"火眼金睛"，这也为以后武术的拳种发展提供了更多的可能，自然而然地形成以徒手为主的发展方向。尤其是到了明清时期，以徒手为主的武术拳种的发展更是达到鼎盛，门派林立、内容丰富、拳种众多，且大多数是以拳术而闻名，同时拳术也是作为个人行走社会最隐性、最便捷的法宝。

在军事上最有效的"打"便是利用器械工具，先进的兵器在战场上起着决定性作用。从远古时期的蚩尤"五兵"到近代核武器，从冷兵器到热兵器，无不是先进性军事武器在起关键作用。除此之外，中国古代教育就特别重视军事武器装备。孔子就认为："志于道，据于德，依于仁，游于艺。"① 这里的"艺"就是指"礼、乐、射、御、数、书"，其中，"射""御"即是射箭与驾车的军事技能，"六艺"作为我国古代的教育内容，尽管当时武术与军事并未出现分野，但是这里所说的技能训练显然是为了军事战争而准备，并且关注点是在对武器装备的使用上，而非拳脚功夫上。即便唐代出现的武举制，也同样把目光投射在军事实用性上。"所谓武举制，事实上就是中国古代为了选拔军事人才而举办的一种考试制度。"② 在当时的考试内容中大致有四大类十大项，其中主要内容为各类射技，其次是马上用枪及力量、才貌。到宋代武举制时就把力量和才貌取消，同时增加了兵书、策问，扩充了"弓马骑射"的科目内容，呈现"文武并举"的特色，这样的选拔制度显然是出于军事的需要。因此，军事永远是把武器的作用放在重要的位置，而武术则是以徒手形式为主。另外，值得注意的是，军事兵器中也都是以远射为主，如弓、弩，而阵战主要有戈、戟、长矛等长柄兵器或利于骑兵作战的大刀，加之重甲战车等武器装备，相对于武术中所使用的轻巧便捷、短小灵活的兵器则大为不同，这样的军事战争环境也决定了其"武器至上"的鲜明特征。

（三）武术"点到为止"的技击思想与军事"出奇制胜"的谋略布局

从追求"打"的目的与结果来看，武术讲究"点到为止"的技击思想，以

---

① 邹憬：《论语通解》，北京联合出版公司，2015。
② 周伟良：《中国武术史》，高等教育出版社，2003。

获取"打"的和谐结局而收场；而军事遵循"出奇制胜"的谋略布局，从而获得一战而胜的"零和"优势。

中国武术自古流传着这样一句话："拳起于易，理成于医"，意思是武术起源于以《易经》为首的中华传统优秀文化思想。其技击思想的形成是"从最初简单的攻防格斗动作，逐步发展成为一个庞杂的攻防格斗体系，它不仅极大地丰富了中国武术的门类，而且也使得中国武术从拳理到拳法体系更加趋于系统规范，从而从本质上摆脱了原始的攻防格斗技能和军事武艺，形成了有别于世界上任何一种格斗技术的文化形态"。① "点到为止"是对原始暴力的文明化改造，是从"打"到"不打"的道德内化过程。"中国武术'点到为止'的技击理念体现的是'不打'在境界上的超越，展现了一种由'制人'到'制己'的伦理标准；为了不打，或者说是制止打，也就有了'点到为止'的重义、重和的君子文化竞争模式。"② 因此，"点到为止"是武术对"打"的结果所做的深刻反思，是对"击必中，中必摧"的理性批判，是有别于其他民族技击术和军事武艺的重要思想总结。

在军事中，"打"的理念则是出于"出奇制胜"的谋略布局，《孙子兵法·军形》中指出："昔之善战者，先为不可胜，以待敌之可胜。"即强调军事谋略的重要性。除此之外，还注重排兵布阵。《宋史·岳飞传》说："阵而后战，兵法之常"，如奇阵、八阵、叠阵、鸳鸯阵等都是著名的阵法，由于受到军事谋略理念的引导，这种"打"只是一味地追求胜利，充满着各种计谋等，其带来的是血腥、暴力、残忍的屠杀。《吕氏春秋·孟秋纪》中"天子乃命将帅，选士厉兵，简练桀俊，专任有功，以征不义。"的记载表明军事战争的目的就是保全自身以击败敌人，其结果就是以军事上的胜利为直接体现。由此可见，武术与军事在技击思想上有着显著的不同，点到为止与出奇制胜更像用心与用智的较量，点到为止追求的是用心的和谐，出奇制胜追求的是用智的胜利，即"前者讲究点到即止、礼让为先、不战而胜、心服而已；后者则性命相搏、不择手段、至死不休"。③

---

①　徐伟军：《武术的嬗变与发展》，《北京体育大学学报》2006 年第 5 期，第 684～686 页。

②　金玉柱、王岗、李丽：《中国武术"点到为止"理念的身体伦理学论绎》，《武汉体育学院学报》2018 年第 2 期，第 71 页。

③　阮纪正：《至武为文：中国传统武术文化论稿》，广州出版社，2015。

（四）武术写"意"与军事写"实"

按照"打"的形神角度去审视，武术是带有"写意滤镜"功能的"打"，而军事则是携带"写实滤镜"功能的"打"。

武术的写"意"体现为"取神简形"。① 简形，就是要做到对形的简化，从具体的招势套路中脱离出来，获取超越外形之意，已传其神。中国武术之"打"是经过艺术加工和想象的虚拟情景，正如"中国武术的技击之美、技击之意正是在这种'似与不似''似是而非'的'虚拟情景'中得以呈现"。② 武术有云："拳无拳，意无意，无意之中是真意"，"用意不用力，即是武术的规则，是以攻防格斗为本质的武术的本体性先验存在"，③ 中国武术虽从暴力格斗发展而来，但长期伴随着写"意"民族文化的渲染，"将'一招制敌'的技法隐喻在'虚功花击'之中，在形似和神似之间展示中国武术'拳术演练似奏乐，招招式式如临敌'的'沙场战意'"。④ 中国武术总是透过外在的技击之形来表现内在的技击之意，将武术格斗动作踢、打、摔、拿隐于攻守进退、动静疾徐、刚柔虚实的意境中；将形意拳的中平直入、自下而上、自下斜上、横中带直隐于劈、崩、钻、炮、横的拳意中；将醉拳的跌跌撞撞、东倒西歪之状隐于避实就虚、逢击必躲、暗藏杀机的格斗之意中。总之，中国武术的求"技"总在"意"之得，在不拘泥于动作的招式里达到无声胜有声、无形胜有形的技击效果。

相比之下，军事上对待"打"的态度，则要写"实"得多，可算得上超现实、超谨慎，关乎国家、民族危亡的大事，一切都要按照既定的目标和实事求是的态度去审视。因此，军事上可称得上写实派的"打"，其体现为"形具神生"。⑤

形具神生，就是要从客观实际出发，来获得自身的真实感受，表达的是当下真实存在的场景，注重形、体的客观状态。这与长期发展于民间的武术形成鲜明

---

① 俞剑华：《中国历代画论大观·第六编·清代画论（一）》，江苏凤凰美术出版社，2017。
② 张道鑫、王岗：《论中国武术的"意"》，《体育学刊》2018年第1期，第31页。
③ 雷军蓉、巩子天纵：《中国武术本体走向的迷失与价值变迁》，《北京体育大学学报》2014年第6期，第27~31页。
④ 张道鑫、王岗：《论中国武术的"意"》，《体育学刊》2018年第1期，第32~36页。
⑤ 《荀子》，中华书局，2007，第111页。

的对比，"军事技术则主要依存于军中，始终受战争需要的制约，为实战服务"①，始终把战争的胜利和最大限度地杀伐敌人放在首要位置。由于面临残酷现实的考量，军事之"打"更加注重朴实无华、临阵实用的方式，例如，何良臣在《阵纪》中说："外如花刀、花枪、套棍、滚杈之类，诚无济于实用，虽为美看，抑何益于技哉？是以为军中之切忌者，在套子武艺。"② 戚继光在《纪效新书·赏罚篇》教育士兵时说："凡比较武艺，务要俱照示学习实敌本事，真可对搏打者，不许仍学习花枪等法，徒支虚架，以图人前美观。"③ 诸如这些皆已说明，"军事技术讲究简洁实用，排斥花套、花法，动作较为单一"，强调从实效出发，注重临敌的实用性。再比如战国时期，赵武灵王推行的"胡服骑射"就是历史上最著名的以实事求是、注重实战的军事改革。

二　武术"打"观念的变迁：从"有用"到"无价"

武术作为"打"的有用价值一直与古代军事相关联，事实上，当武术与军事分离时，武术仍然没有摆脱"打"的有用价值观念，直到近代以来，火器的广泛使用，武术才逐步走向与人类文明更匹配的"无价"之路。

（一）有用的"打"：保家卫国的价值理念

以儒家思想作为主流文化的古代中国，封建宗法制和家庭伦理观念是维系社会稳定的基本行为规范，推行三纲五常、忠君爱国。武术作为技击术，"从原始社会的人兽相搏就被赋予了一种'打'的暴力的想象"④，再到后来与军事相结合从而上升到集体性的"暴力行为"，然而，武术的这种"打"的有用性自然受到统治者和权贵们的青睐，据《国语·齐语》记载，齐桓公于"正月之朝"对乡大夫说："于子之乡，有拳勇股肱之力秀出于众者，有则以告，有而不以告，

① 李厚芝、邱丕相：《论古代武术与古代军事技术的异同关系》，《西安体育学院学报》2004 年第 1 期，第 49~51，69 页。

② （明）何良臣：《阵纪注释》，陈秉才点注，军事科学出版社，1984。

③ （明）戚继光：《纪效新书》，马明达点校，人民体育出版社，1988。

④ 李源、梁勤超、姜南：《"打"与"不打"：武术形象的二元认知》，《北京体育大学学报》2018 年第 7 期，第 131~137 页。

谓之蔽贤，其罪五"①，说明当时统治者对习武之人的重视，即便一些权贵也经常私养大量的门客，如孟尝君有门客三千，其中就有很多武士，在当时很多武士之所以被权贵看重，主要是他们身具"打"的价值。到汉代，儒家文化的地位确立以后，武士们不再成为某些人的私人武器，而是有了高尚的精神追求，此后"习武者绝不是恃强凌弱，而是怀着悲天悯人的心态，对弱者施以援手，对强暴施以压制，还世界以清平和公正"。② 经历儒家思想的教化，把原本充满血腥和暴力的"打"一度转向求善的理想追求，使"中国武术培育出的理想参与者是因发至人格深处的'爱'而表现出'善'的行为"。③

儒家的忠君爱国思想为习武者指明了方向，那就是"保家卫国"。在孔子看来，"以'仁政'和'德治'为主，要求统治者在统治中力求'仁政'，做仁君。主张以修身养性和道德教化来治天下，反对用苛政和刑律来治天下"。④ 后经汉代儒学董仲舒的政治文化改良，提出"天人感应""君权神授""三纲五常"等思想，为统治阶级实现中央集权的政治理想提供可能。此后历朝历代的习武者便追寻"忠君爱国"这一最高宗旨去实现自身的价值，而这一价值的实现就是保家卫国，作为习武之人，只有当社会动荡时才更能体现其价值。在古代中国，朝代更替频繁，战争不断，正因如此，武术的"打"价值才更加突出、更加有用。例如，在唐朝开创的"武举制"就是为习武之人搭建施展"打"的平台，充分调动和挖掘"打"的实用价值，更好地实现保家卫国的价值理念，其中最具代表性的郭子仪、薛奕等都是武举出身的英雄人物。另外，历史上还有很多像岳飞、戚继光等保家卫国的英雄，他们都是在战场中把"打"的实用性发挥到了极致。因此，古代武术因有"打"的机会而有"用武之地"，也因有"打"的有用性才使得习武之人实现了自己的人生价值。

（二）无价的"打"：修身体悟的价值理念

如果说古代武术因"打"的有用价值而存在，那么，近代以来火器的广泛

---

① 《吕氏春秋·荡兵》，北京图书馆出版社，2006。

② 冯鑫、尹碧昌：《传统武德的人性基础及其伦理意蕴》，《武汉体育学院学报》2013年第9期，第50~53页。

③ 王岗、韩金清、侯连奎：《中国武术"立德树人"的价值取向：求真 向善 尚美》，《体育学刊》2018年第6期，第3页。

④ 荀儒男：《董仲舒思想对汉武帝大一统王朝的积极作用》，《学理论》2020年第9期，第87页。

使用，使武术完成了它的历史使命。然而，历史上任何能传承下来的东西，关键是其内在的文化精神。正如冯友兰先生提出"抽象继承法"的概念那样，我们在继承传统时要"随着时代的变迁，一些命题中原初的具体含义对当下不再具有更多的借鉴意义，而单从其抽象意义来看，仍然是有值得借鉴的地方"①。比如"学而时习之，不亦说乎。"这句话从具体意义上看是希望人们研习诗、书、礼、乐等传统内容；而从其抽象意义上看是"无论学什么东西，学了之后都要及时地经常地温习和实习，这都是快乐的事"。"这样去了解，这句话就还是正确的，对我们现在还是有用的"②。武术经历几千年的发展演变，从最初因"打"的有用性而存在，此后受传统文化思想的影响，武术对人类的作用绝不仅仅只是"打"那么简单了。随着社会文明程度的进步，我们在继承武术时，一定要区分"打"只是武术具体意义的实用性体现，其渗透在"打"的深层次的文化意义才是我们要抽象继承的。

武术之所以能传承发展几千年，也并非因为其具有实用价值功能的"打"或"技击"，而是它携带着传统文化基因。王岗教授认为："中国武术是一个由简单不断走向复杂的过程，一个从技击走向文化的过程。"就像茶，"如果我们对它的价值只追求它的功用一面，即它的解渴价值，那么，'茶道'文化就不可能形成。同样，如果对于中国武术也只追求它的'技击'价值，中国武术就不会称之为'中国武术'"③。武术作为文化的传承，其"打"的载体固然不能丢失，但是武术中"打"的有用价值观念，在现代社会早已发生变迁，人们也越来越多地关注它"修身体悟"方面的无价性。"'能打'只是武术真实形象的假想和预设，是武术作为技击技术的外在形象，武术'不打'的内在形象才是我们真正关注和真正追求的。"④ 在当今世界，和平与发展成为时代主题，文明与法治逐步深入人心，武术"打"的实用价值或有用性，不再成为当今习武之人的现实追求，也不再是为了安身立命、保家卫国的理想追求，而是更多地关注它的修身养性、教化体悟的"无价"功能。

---

① 张灵馨：《20 世纪 50 年代"抽象继承法"讨论的再思考》，《哈尔滨学院学报》2017 年第 8 期，第 28 页。
② 哲学研究编辑部编辑《中国哲学史问题讨论专辑》，科学出版社，1957。
③ 王岗：《质疑："技击是武术的本质特征"》，《北京体育大学学报》2009 年第 1 期，第 29 页。
④ 李源、梁勤超、姜南：《"打"与"不打"：武术形象的二元认知》，《北京体育大学学报》2018 年第 7 期，第 131～137 页。

1. 武术“打”之内涵的重估：战胜自我

武术因长期以来与军事密切相关，逐渐给人们留下了打打杀杀的印象，“正因为中国武术历史上与格斗搏杀紧密相连过，以致很多人一提起武术便会想到‘打’和‘能不能打’来衡量武术的真伪”。① 这种对武术的惯性认识，长期限制着我们的思维，使我们对武术“打”的观念始终限定在实用价值范围内。孔子说：“殷因于夏礼，所损益，可知也；周因于殷礼，所损益，可知也。”在这里，孔子提出了一个重要的概念就是“损益”，礼有损益就是说礼仪制度在经历后世之后，会有所增减。不同的时代有不同的历史内涵，要根据事物发展的实际情况，不断做出调整，有所继承也要有所废止，只有如此遵循历史规律，才能弘扬为政之道。那么，揣情度理，在现代社会，“打”同样亦有损益，就是说，“打”的有用性显然已经不是武术的核心了，需要有所“损”。“但也不能否认，除了打，武术还有其他许多证明自身存在价值的东西，这些不同的价值及其所产生的合力，依然足以支撑起武术在当代社会发展的盛况。”② 在损益的原则下，武术“打”之内涵还有另外的向度，那就是“战胜自我”，战胜自我不仅属于“打”的范畴，更是“打”的升华和延伸。

自古以来“战胜自我”就是武术“打”的最高境界，且以经典理论为依据，在儒家思想体系中，“修身”观念体现在武术中就是所谓的“战胜自我”。《大学》中说：“古之欲明明德于天下者，先治其国；欲治其国者，先齐其家；欲齐其家者，先修其身；欲修其身者，先正其心；……心正而后身修，身修而后家齐，家齐而后国治，国治而后天下平。”《大学》特别强调修身的重要作用，因为，修身是以个人为基本单位，大到平天下，小到格物。儒家认为修身的最佳方式就是：格物、致知、诚意、正心。“‘格物’要求‘即物穷理’，在具体行为中增长见识；‘致知’是在实际行动中探明本心，求得真知；‘诚意’是在推致事物之理的基础上诚实意念；‘正心’是去除各种‘未安’的情绪，保持心灵的宁静。”③ 在这里，儒家的“修身”过程不正是武术“战胜自我”的过程吗？“格物”就是要求习武者明白拳理，并在实践中积累经验。“致知”就是要求习武者在打练过程中充分了解自己，洞悉本心，达到对“打”的真知，“习武者在‘求

---

① 王岗：《中国武术技术要义》，山西科学技术出版社，2009。
② 刘文武：《三论武术之打》，《体育科学》2017 年第 7 期，第 94 页。
③ 杨朝明：《修身齐家治国平天下》，《光明日报》2016 年 12 月 1 日，第 6 版。

真'的过程中获得'脚踏实地'的精神养成，收获'持之以恒'的品格提升，涵养'永不放弃'的目标追求"。① "诚意"就是要求习武者在了解攻防技击的基础上，保持心诚意守。"正心"就是要求习武者排除杂念、胆怯，保持心在当下，聚精会神。在这里，"战胜自我"并没有把武术"打"的实用价值放在突出位置，不再注重肉搏式的对别人的"打"，而是放在追求"自我"的修炼和战胜上，也就是说，武术之"打"并不只限定在对他人的攻击上，更重要的是对自我战胜的内化上，从这个内涵来讲，与其说"打"是武术的有用价值体现，倒不如说"打"只是武术的一种初级表现形式。

2. 武术"打"与现代社会

"打"与"战胜自我"相结合，实则是武术练习者由外向内的过程，是武术从"有用"向"无价"的价值转变，这种转变尤其在现代社会中可以引申出非常丰富的义理。首先，我们没有理由再把武术之"打"一直限定在外在的使用价值上，而是要转向"打"的另一方面，即内在的"战胜自我"的无价方面。其次，现代社会中，随着我们的物质生活越来越富足，精神生活也需要不断充实，当今"从物质中获得幸福的时代已经结束"。② 而人们的幸福感与物质的丰富并非必然关系，因此，从"战胜自我"的角度或可丰富和充实人们的精神生活。

现代社会人们更加关注心理的"幸福"，而幸福恰恰是心理欲望得到满足时的状态。当今，"人类命运共同体是以追寻人类美好生活（good life）即幸福为宗旨的新时代重要理念"。③ 在损益的原则下，"打"以"战胜自我"的新内涵重新走进现代社会生活，可能运用的范围更加广泛，让人能够获得更多的幸福感，具体表现在以下几点。

第一，现代社会对"打"有了更高的追求。过去人们对幸福的获得主要来自物质的满足，而现在更关注心理上的满足，"时至今日，无论是压力、坏处抑或好处，焦虑已不可避免地深植于城市化进程里人们的现代性生存之中，成为一

---

① 王岗、韩金清、侯连奎：《中国武术"立德树人"的价值取向：求真 向善 尚美》，《体育学刊》2018 年第 6 期，第 3 页。

② 本田直之：《少即是多：北欧自由生活意见》，重庆出版社，2015。

③ 李星：《马克思"自由—幸福"美德伦理与"人类命运共同体"》，《兰州学刊》2020 年第 4 期，第 16 页。

种普遍的、值得关注的个体与社会心理常态"。① 现代生活节奏加快，人们面对来自心理的压力比过去任何时期都要大，因此更需要一种强大的战斗力来打败心理上的敌人，这就需要从武术"打"的最高形式"战胜自我"中去追寻。武术作为以战胜自我为最高形式的"打"，恰好可以帮助人们克服在现代社会中所面临的各种心理障碍。"从心理学角度来说，每一个人的潜意识当中都隐藏着诸多的'弱点'，贪婪、嫉妒、攀比、懒惰、拖延、敷衍、粗心、好逸恶劳……如果没有强大的自控能力，人往往会在不知不觉中沦为'弱点'的奴隶，让人性弱点控制我们的人生"。② 武术之"战胜自我"可以完全运用到自我人性弱点的战胜上。首先，赋予自身高水平的自我效能感和自我调节能力。自我效能感指个体对自己是否有能力完成某一行为所进行的推测与判断，通过武术体现出的传统文化精神使得个人在面对困难时，能够坚定信念去找到解决问题的办法。遇到烦恼和压力时，能够泰然处之，在习武悟道中逐渐形成一套自我调节的防御机制，学会用整体观、阴阳观来化解来自内心的"敌人"，把武术战胜自我的修身过程循序渐进地渗透到日常生活当中。其次，把武术之"打"运用到个人与自然、社会的结合当中。通过战胜自我形成天人合一的君子品格，无形中增加了个人的社会责任感和道德感，使人形成充满正义和神圣的终极目标。《中庸》说："惟天下至诚，为能尽其性；能尽其性，则能尽人之性；能尽人之性，则能尽物之性；能尽物之性，则可以赞天地之化育；可以赞天地之化育，则可以与天地参矣。"这些蕴藏在武术中的儒家思想可以通过每一招、每一式的动作表达出来，在体悟拳理的过程中，无形地增添人们抗挫或克服自身弱点的能力。

第二，现代社会可激发武术之"打"的最好形式。"战胜自我"作为武术"打"的最高形式，其原动力则来自儒家思想理论，即习武如同修身。如若习武以达修身，必先端正其心态；如若端正其习武心态，必先心诚意合；如若心诚意合，必先明其拳理；如若明其拳理，贵在恒练。因此，通过儒家修身的过程反观武术修身，可谓殊途同归。在武术的修身过程中，先要做到心身皆静、心无杂念，之后身心合一、聚精会神、意念真诚、练在当下，通过一段时间的练习，掌握好拳法理路，获得一定的知识技能后，进而持之以恒地练习。"通过持之以恒

---

① 蔡劲松、刘建新：《现代性危机中城市生存焦虑的风险与化解》，《中国科学报》2019 年 6 月 26 日，第 3 版。
② 墨羽：《修炼自控力实现自我超越》，《黑龙江日报》2018 年 11 月 5 日，第 1 版。

的练习和终生不懈的体悟，才能逐渐提高对中国武术外显层面的认识，实现对中国武术内在层面的理解，真正感受到中国武术'精妙'与'深邃'。"① 这一系列的过程都要时刻把拳式与拳理结合起来，通过外显的拳式来体悟内隐的文化精神，再由内隐的文化精神转化到自我人性的修行上，从而达到拳即文化、文化即修身、修身即以习武的方式通向"以武化性"的境界。以武化性、以武修身就是通过武术的习练、体悟达到化解自我人性的弱点，从而完成渐进式的修身过程，当把自我人性弱点放在一个合适的位置并遵循"化而不抑"，就可以战胜自我，也就是武术之"打"的最高境界。

纵观华夏文明史，一直就有"文以载道""武以修身"的传统理念。比如，文有"君子每日三省吾身，可以无悔矣"，武有"一日练一日功，一日不练十日空"；文有"君子求诸己，小人求诸人"，武有"未练功，先练性"；文有"文以评心"，武有"武以观德"；文有"知者不惑"，武有"勇者不惧"；等等，可以说不胜枚举。在现代社会中，武术其实离我们并不遥远，只要我们用心去寻找，它就在我们身边。中国武术博大精深，武术拳式充满着人生智慧和哲理，我们须用心去练习、去体悟。新时代有新的理念，武术之"打"的内涵，在新时代也必定有新的诠释和损益，正如文章开头说的"礼有损益"，武亦有损益。现代社会对武术之"打"的观念更要有"战胜自我"的理念转变，这也是现代社会赋予武术之"打"新的时代损益。

三　结论

武术的产生和发展始终与军事相伴，"打"也就成了两者共同的"地带"，随着火器时代的到来，军事逐渐更新了肉搏式的"打"，彻底与武术"分道扬镳"，而随着文明的进步，武术也逐渐摆脱野蛮、血腥的"打"，通过文化改造后的"打"，也走向求内的"战胜自我"的无价之价值。古之礼有损益，今之打亦有损益，在损益的原则下，武术之"打"在现代社会有了"战胜自我"的新内涵，在新的时代背景下，武术作为修身功用的"打"，更加符合现代人的需求。值得注意的是，我们要正确看待武术之"打"的有用性和无价性，有用性

---

① 王岗：《中国武术"博大精深"之诠释》，《上海体育学院学报》2010 年第 2 期，第 60 页。

为无价性提供了载体和源泉，无价性为有用性提供了目标和方向。在现代社会，既要防止对有用性的过度强调，形成"以打试武"的尴尬误解，又要杜绝对无价性的无限放大，造成无根之水、无本之木。

Modern Profit and Loss of the Concept of "Fighting" in WuShu

Li Jianwei   Wang Gang

Abstract: For a long time, Wushu has left a deep-rooted impression to the world with the image of "fighting", and it is often limited to the scope of "fighting, confrontation" and other military hand to hand combat, regardless of the special connotation of "fighting" in traditional culture, so it has constantly caused many criticisms of "can't fight" in Wushu. Confucius said, "There is profit and loss in etiquette". If we reinterpret the meaning of "fight" in Wushu under the principle of profit and loss, we can make clear that "fight" in Wushu is a changing process from "useful" to "priceless". We can reinterpret "fight" from the perspective of "self defeating", and combine it with modern society, we may be able to solve the problem of "fight" in Wushu on the basis of new connotation.

Keywords: Wu Shu; Fighting; Self Defeating; Profit and Loss; Traditional Culture

体育场馆功能改造研究

陈元欣[*]

【摘　要】体育场馆功能改造是解决其服务功能单一，提升运营效能的重要举措。体育场馆功能改造首先应明确其功能定位，改造的最终目的是丰富全民健身服务功能，打造体育综合体；应根据场馆的功能定位设计其未来商业模式；改造主要有自主改造、合作改造和授权改造三种模式，改造主体应以社会力量为主；功能改造可分为场馆内部局部改造、整体改造及"场馆+周边"改造等三种模式，应以场馆内部局部改造为主，盘活、拓展场馆可利用空间；受其公益性以及划拨体育用地性质的限制，场馆改造在业态布局上只能以体育相关业态业主为主。在分析苏州吴江笠泽文体广场功能改造案例的基础上，提出明确改造主要目标，做好前期规划设计；积极引入社会力量，推进场馆机制改革；推行功能改造试点，编制功能改造指南与负面清单等推进场馆功能改造的建议，以期为推进场馆功能改造提供理论支持。

【关　键　词】体育场馆；功能改造；场馆建设

前　言

体育场馆作为体育产业发展的重要载体和体育强国建设的基础，国家高度重

---

* 陈元欣，华中师范大学体育学院教授、博士生导师，研究方向为体育馆运营与体育产业。

视体育场馆的建设与运营，先后出台了一系列政策，积极推进体育场馆建设与运营改革。2018 年，国家体育总局经过深入调研和充分研究，在全国体育产业发展大会上提出要推进体育场馆改造功能和改革机制（以下简称"两改"）试点工作，并于 2018 年 3 月下发了《关于在全国开展公共体育场馆"改造功能、改革机制"试点工作的通知》，要求各省、市选择一批具有典型性的场馆进行"两改"试点，为全国推进场馆"两改"工作提供经验借鉴。虽然国家体育总局下发了关于推进场馆"两改"试点的通知，但如何推进场馆"两改"，场馆"两改"的路径等问题尚不清晰，亟须深入研究。从现实需求来看，全国各地有大量场馆因建设年限较长，亟须进行功能改造。而且，从当前国际大型体育赛事的发展趋势以及"碳中和"的要求来看，充分改造利用现有场馆成为未来的重要发展趋势。因此，本文就场馆"两改"中的功能改造问题进行深入分析，以期为推进场馆功能改造工作提供理论支持。

一　场馆功能改造的必要性

国家体育总局部署推进场馆"两改"工作不仅要通过机制改革破解束缚体育场馆发展的体制机制问题，还要通过功能改造解决场馆功能设计等先天不足带来的功能单一和内容匮乏等问题。

目前，国内场馆多为承办大型体育赛事而建，对赛后利用考虑不够，导致场馆功能单一，仅以满足竞赛功能为主，但由竞赛模式转为赛后模式时，服务内容过于单一，难以满足当前群众多元化、个性化的体育服务需求。而且，许多新建的体育场馆选址郊区化现象较为严重，周边辐射人口数量十分有限，使得场馆一年除举办几次大型活动外，平时几乎没有人流，造成场馆资源闲置。部分修建年代较早的场馆虽然在城市中心区域，但由于场馆设施设备老化，场馆水电气热能耗过高，能源浪费现象较为严重，加之建设标准落后，难以满足当前许多体育活动开展的需要，迫切需要进行改造。

二　场馆功能改造路径研究

场馆进行功能改造需要在现行的法律法规和相关制度约束的框架下进行，涉及功能定位、改造范围、业态布局、改造模式等一系列问题，需要在功能改造之前进行科学决策。为科学、规范推进体育场馆的功能改造，首先须进一步明晰体育场馆的改造路径。

（一）功能定位

场馆的功能定位对其功能改造具有重要影响，是场馆进行功能改造的主要依据。场馆进行功能改造首先要明确其功能定位。场馆的功能定位随着其所处区位、周边环境、消费人群以及辖区内体育场馆的发展情况等而不断变化。功能改造之前需要根据场馆所在城市、区位条件、经济发展水平、消费者偏好、服务内容等因素，对场馆功能进行科学定位。场馆的功能定位一般可以归纳为以下几种类型。一是全民健身活动中心，以推动全民健身为主要目的，为群众提供运动健身、教育培训、休闲娱乐等多元化、个性化的服务，且能够举办小规模的赛事和文化活动，如南京全民健身中心。二是体育竞赛演艺活动中心，场馆在赛后经过改造，把竞赛表演和文艺演出作为主营业态，包括餐饮、休闲、商业等配套业态，以承接国内外体育赛事活动、各类商业演出活动，如演唱会等，满足群众观赏体育赛事服务的需求，如北京华熙五棵松体育馆、上海梅德赛斯-奔驰文化中心等。三是体育会展中心，以大、中型体育场馆设施作为依托，主要以体育赛事和会展活动为主，涵盖体育培训、演艺、商业、酒店等业态，如镇江体育会展中心、南通体育会展中心等。四是城市服务综合体，融合餐饮美食、休闲娱乐、购物中心、康体保健等多业态，提供"一站式"服务，打造城市的中心，如重庆"华熙 LIVE·鱼洞"被定位为重庆首个 NBA 级别的多功能文体综合体。场馆在功能改造之前需要进行清晰的功能定位，确定了功能定位之后，再依据功能定位开展商业模式设计、明确改造范围、业态选择等其他工作。

（二）改造目标

国家体育总局关于场馆"两改"的通知中，明确要求场馆功能改造增加全民健身设施和功能，将一批公共体育场馆打造为体育综合体。因此，从场馆功能改造的目的来看，一方面是进一步增加全民健身设施，丰富和完善场馆服务功能；另一方面是要通过改造，将部分符合条件的场馆打造成体育综合体，激发体育场馆发展活力，提高运营效能，满足人民群众对美好生活的需要。国内最早在

2013 年国家体育总局等八部门出台的《关于加强大型体育场馆运营管理改革创新提高公共服务水平的意见》就提出了关于体育综合体的内容，但关于具体什么是体育综合体，国内尚无统一规范的概念，部分省（区、市）如江苏等地将体育综合体界定为以大、中型设施为基础，融体育运动、健康、文化、休闲、商贸、旅游等多种服务功能为一体的建筑空间或体育产业聚集区。从国外关于体育综合体的发展历程以及业态组合来看，体育综合体一般是以大型体育场馆为依托，包括住宅、休闲（竞猜、保龄球、家庭娱乐中心、马术、多厅影院）、商业（厂家直营店、参与体育零售、体育营销、超市）、办公、产业、体育公园（室内球场、健康中心、运动中心、室内体育馆、场馆酒店）等多种业态。体育综合体作为场馆功能改造的终极目标需要考虑国内场馆的实际尤其是公共体育场馆的实际，在发展形式、业态布局等方面进行综合考量，选择合适的改造模式，盘活存量场馆资源。根据国内相关的研究，场馆主导类体育综合体，根据其不同功能定位，现有场馆改造转型为体育综合体，主要有以下几类，如表 1 所示。

表 1　体育综合体分类

种类	主力业态
全民健身类综合体	体育+餐饮娱乐+百货超市+其他
社区体育类综合体	体育+街景式购物+培训+其他
体育培训类综合体	体育培训+亲子休闲+赛事演出+其他
体育休闲类综合体	体育赛事+商业演出+休闲娱乐等
体育会展类综合体	体育赛事+会展+酒店+其他

1. 全民健身类综合体

全民健身中心内体育场地类型相对齐全，是群众健身的重要聚集地，在公共体育服务方面发挥着重要的作用，全民健身中心的建筑形态与功能基本符合体育综合体范畴，在功能定位方面仍需以大众体育消费为核心，融合餐饮美食、休闲娱乐、购物中心等业态，即主力业态为"体育+餐饮娱乐+百货超市+其他"，为广大群众提供"一站式"服务，大力挖掘此类综合体的商业价值，实现盈利并反哺公益事业。

2. 社区体育类综合体

社区体育类综合体一般位于郊区或新城社区，精准定位，主要是营造街景式购物体验，满足社区群众的需求，其主力业态为"体育+街景式购物+培训+其他"，使群众健身更便捷。

3. 体育培训类综合体

体育培训类综合体的主力业态一般是"体育培训+亲子休闲+赛事演出+其他"。上海万国体育中心是典型的体育培训类综合体。场馆对废旧工业厂房进行改造，建设了击剑中心，以提供体育培训为核心，同时附设休闲娱乐、餐饮、商业、零售等多元业态。

4. 体育休闲类综合体

体育休闲类综合体以体育与娱乐元素为特征，包含音乐、娱乐和餐饮等业态，其主力业态是"体育赛事+商业演出+休闲娱乐等"。以北京工人体育场为例，场馆管理机构对看台下方空间进行了改造，以经营国际、国内著名体育品牌为主，同时还引入美味四季、名人堂咖啡、九华山餐厅、国际青年旅舍等数十家商业业态，成为国内大型综合性体育场看台下空间利用率最高的场馆；对工人体育场外围也进行了大量的商业开发，一些著名的时尚餐厅、酒吧和夜店都建于此；其内部功能以对竞赛功能和观众看台升级改造为主，满足大型赛事和商业演出的需要。北京工人体育场已被改造为以体育文化与休闲娱乐元素为主题，融体育赛事、文艺演出、餐饮等多种业态为一体的体育休闲类综合体。

5. 体育会展类综合体

近年来，体育与会展等功能融合的体育场馆类综合体项目日益增多，即体育会展类综合体，其主力业态为"体育赛事+会展+酒店+其他"，较为典型的是南通体育会展中心和哈尔滨体育会展中心，哈尔滨体育会展中心综合体依托会展体育中心，形成了会展、体育、商业和休闲四大功能，是集国际大型博览展示、体育盛会、高规格会议、经贸洽谈、商品交易、信息交流、电子商务及娱乐休闲购物于一体的高起点、高水准、高品质的体育综合体项目。

（三）商业模式

场馆在功能改造之前需要根据其功能定位设计场馆未来的商业模式，场馆商业模式直接影响场馆的运营收入。商业模式是场馆持续运营和提高运营效能需要着重考虑的因素。目前，国内场馆较常见的商业模式主要有以下几种。一是体育场地租金收入模式，此种商业模式比较单一，即体育场馆管理机构以全民健身、对外开放为主，主要收入来源是健身人群交纳的场地租金和场地使用费，此种商业模式收入相对有限，服务较为单一，收入增长空间不大。二是"场地租金+政府购买"模式，场馆除为群众提供全民健身服务，获得部分使用者的付费收入之外，还为群众提供基本公共体育服务，政府通过购买服务的方式给予场馆补贴，增加场馆运营收入。三是"物业出租+场地租金"模式，体育场馆运营机构除提供全民健身活动场地获取租金收入之外，作为出租人，可将本单位拥有的房屋、功能用房等物业通过委托管理、对外出租等方式部分租赁给自然人或法人，并获取租金收入。同时，双方就租赁期限、租赁标准、租赁用途、招租方式和年度租金支付办法等内容进行规定。四是"物业出租+场地租金+服务收入"模式，场馆运营管理机构除获取提供全民健身场地出租或场地服务收入、物业出租收入之外，根据群众需求，积极拓展业务范围，开展体育培训、体育活动策划等其他体育服务活动，通过拓展体育服务活动获取收入来源。五是"赞助收入+物业出租+服务收入"模式，在前几种模式的基础上，积极开发场馆的无形资产，如冠名权、广告发布权、包厢使用权等无形产业，获取一定的赞助收入，并配套一定的物业出租和服务收入，例如，北京五棵松体育馆冠名为凯迪拉克中心，其商业模式由单一场地租金收入渠道转变为包括冠名、赞助、广告、包厢等在内的多元收入渠道，大大增加了运营收入。

（四）改造模式

根据场馆功能改造的实践以及是否由其他机构参与场馆的功能改造，可将场馆功能改造模式分为以下三种类型。

第一，自行改造。由场馆业主或运营单位自行根据场馆业务发展需要以及群众需求进行适用性改造，改造资金主要由场馆业主或运营单位自行筹措，其他机构未参与场馆改造，如许多场馆在举行大型赛事活动之后，根据运营需要将部分功能用房转为健身或办公空间。五棵松体育馆在赛后对主馆进行大量适用性改造，以满足承办大型演艺活动的需要，同时，将训练馆改造为 M 空间，主要用于举办各类小型演艺活动以及企业发布会等。

第二，合作改造。由场馆业主或运营单位与合作单位共同进行改造，改造资金一般由双方共同承担或由合作单位承担，合作单位一般为社会力量，场馆业主或运营单位以提供场馆空间资源为主，具体合作形式为租赁或合作合资经营。如黄龙体育中心，其与著名击剑培训机构艾鲁特开展合作。黄龙体育中心拿出部分场馆空间，由艾鲁特投资进行改造，建设击剑中心，由新成立的黄龙·艾鲁特国际击剑中心运营。黄龙体育中心网球馆使用率相对较低，运营效益一般，为发展冰上运动，黄龙体育中心与浙江强国体育发展有限公司合作，由后者投资将网球馆改造为冰球馆，作为浙江省冰球馆训练基地，并授予后者一定年限的经营权。国家游泳中心嬉水乐园在奥运会结束后，由水立方运营公司与四川一家民营企业合资建设，双方签约 15 年，双方按投资比例进行利润分成。

第三，授权改造。授权改造一般发生在委托运营过程中，业主授予受托方运营权的同时，允许受托方在保障场馆主体功能不变和安全的前提下，根据运营的需求对场馆功能进行一定的适用性改造。部分场馆授权改造项目本身为 ROT 项目，例如，深圳大运中心的委托运营项目，就是改造—运营—移交项目，由运营方佳兆业文旅集团投入大量资金对大运中心进行改造，以适应赛后运营的需要。授权改造一般是由受托方投资对场馆进行改造，但改造方案一般要征得业主方的同意。受托方改造投资形成的固定资产等一般在委托协议终止时要无偿移交给业主方，并需要在协议中予以明确，以免委托期届满时发生纠纷。

（五）改造主体

场馆功能改造的主体解决的是谁来改造、改造资金由谁来负担的问题。一般情况下，体育场馆功能改造的主体应该是其业主或运营管理机构，但由于场馆运营管理机构多为事业单位，受预算约束，其改造费用只能来源于财政拨款或专项维修改造资金。但从国家体育总局推进"两改"的思路来看，希望引入社会力量参与体育场馆的功能改造，社会力量投入必然要考虑回报，在项目设置、服务内容等方面更多考虑市场的需求。社会力量参与体育场馆的功能改造具有现实的可行性与必要性，部分场馆存在较为严重的空间和资源闲置问题，但由于自身缺乏相应的资金投入，可通过与社会力量合作，引入社会力量进行改造，丰富场馆的全民健身服务功能，尤其是一些非基本公共服务项目可以广泛吸引社会力量参与。

（六）改造类型和内容

场馆的功能改造可分为场馆内部局部改造、整体改造及"场馆+周边"改造等。体育场馆局部改造通过在场馆内增添新设施或改变原有区域用途，对场馆富余空间进行充分利用和多功能开发，深度挖掘场馆的空间价值。局部改造典型案例是北京水立方，赛后通过拆除南、北活动看台，建设南、北商业楼，大幅增加了水立方的可经营面积。整体改造，一般作为体育场馆的大、中型维修改造项目，原则上是要在当地的发改部门进行项目立项，改造投入资金相对比较大，改造涉及场馆的内部空间、建筑结构以及配套场地设施等。如洪山游泳馆为迎接第七届世界军人运动会，对洪山体育馆主馆和副馆进行整体改造，其中，副馆由原来的一层改为三层，将停车区域以及部分配套设施转入地下一层。"场馆+周边"改造一般是由地方政府推动场馆周边区域进行改造，推进体育场馆与周边业态的融合发展，形成体育产业集聚区或体育产业园区，例如，北京华熙 LIVE 项目，将五棵松场馆群与周边商业空间进行整体打造，建设成国内一流的体育综合体。

场馆改造内容包括四个方面。一是内部空间使用功能转换，将场馆功能用房转化为健身、配套商业，体育空间转化为会展空间。二是室外空间转化为室内空间。利用可移动装配式建筑或气膜场馆，将篮球场、网球场等转化为室内空间，例如，济南奥体中心采用气膜将室外网球场改造为室内网球场，实现 365 天使用，提高网球场的使用效率。三是小空间转化为大空间，或大空间转化为小空间，增加场馆功能。例如，上海东亚体育中心拆除一面看台建设舞台，更名为上海大舞台。四是利用现代高科技技术，升级现有场馆设备功能，如音响、座椅、LED 显示屏等。例如，北京五棵松篮球馆改造为汇源空间后，其设施设备全套升级，在大幅提升群众现场观赛体验的同时，极大地便利了各种小型演唱会和企业发布会的举行。

（七）业态布局

场馆的功能定位、商业模式最终的落脚点都要落在具体的业态布局上，通过场馆的功能改造，盘活场馆存量资源，引入和布局更多体育业态，丰富场馆的全民健身服务功能，从而提升场馆的服务能力。场馆尤其是公共体育场馆受其公益性的定位以及划拨用地体育性质的限制，在业态布局上只能以体育相关业态为主，少量辅以必要的餐饮、零售等配套服务功能。部分公共体育场馆在功能改造过程中背离了功能改造的初衷，大量布局餐饮、休闲娱乐、零售等非体育业态，严重侵蚀了群众的体育活动空间，导致较为严重的过度市场化行为，需引起高度重视。近年来，各地政府高度重视场馆的非体利用问题，上海市开展了"退租还体"行动，要求所有的体育场馆清退非体育功能的出租活动，还体于民。2018 年 3 月，上海市人民政府出台的《上海市体育设施管理办法》明确提出，公共体育场馆主体部分以外的附属部分出租用于商业用途的，租用者提供的服务项目应当与市民体育活动直接相关，并且不得影响场馆主体部分的功能、用途。2017 年，湖北省纪委就全省公共体育场馆的公共服务问题进行了专题督查，要求全省公共体育场馆清退非体出租业务。因此，场馆功能改造过程中在业态布局方面应严格遵循国家和地方的相关法律法规，业态布局应与体育相关，对非体育相关业态的纳入应慎重。

三　场馆功能改造与机制改革关系问题

场馆推进"两改"需要对场馆功能改造与机制改革之间的关系进行明确。场馆既可以同时进行功能改造与机制改革，也可以进行功能改造或机制改革。各地场馆应根据自身的实际选择具体改革内容，不应"一刀切"。从"两改"的意图来看，场馆功能改造要以引入社会力量为主。当社会力量参与场馆功能改造时，由于现行的事业单位管理体制，场馆在与社会力量合作过程中会存在一些不便之处或政策上的限制。从国内已有的成功案例来看，推进场馆功能改造之前，大多进行了机制改革，例如，黄龙体育中心和苏州吴江笠泽文体广场是先进行机制改革，然后进行功能改造。一般情况下，场馆机制改革之后，场馆运营机构会对场馆进行相应的适用性改造，以便于场馆的运营。因此，场馆"两改"一般情况下是以机制改革为前提，同时机制改革为引入社会力量参与场馆功能改造奠定基础。

四　场馆功能改造典型案例分析——苏州吴江笠泽文体广场

（一）苏州吴江笠泽文体广场功能改造基本情况

吴江体育馆于 2001 年 9 月建成并投入使用，地处主城区核心地段，是吴江地区举办体育赛事、文艺演出、大型集会、商贸展销等大型活动以及市民群众锻炼健身的重要场所。但因体育馆房屋陈旧老化严重，辅助用房和馆外路面地基沉降，大大降低了体育场馆的服务水平，或可能存在安全隐患。吴江区政府于2013年启动了吴江体育馆改扩建工程，主要针对吴江体育馆改建和新建全民健身中心两大项目。项目采用引入社会资本的方式对改造工程进行全额投资，总投资额约为2亿元。

整体改造后的苏州吴江笠泽文体广场于2006年初正式投入使用，成为吴江地区规模最大的体育服务综合体。综合体涵盖游泳、击剑、乒乓球、羽毛球、足球、篮球、网球、室内高尔夫、台球、壁球等体育项目，并配套休闲、文化、教育培训、理疗康复、亚健康管理、餐饮住宿等，极大地满足了当地群众健康、教育、休闲、娱乐等多方位的需求。

（二）苏州吴江笠泽文体广场综合体运营分析

苏州吴江笠泽文体广场综合体改造项目，通过引入社会资本的方式对改造工程进行全额投资，其场馆所有权仍属国有，政府给予社会力量适当年限的场馆经营管理权作为投资回报，激活社会资本，减轻政府改建财政负担。政府对体育场馆主体建筑以外约25.37亩土地按照商业用途带方案挂牌出让，12.37亩按800万元/亩挂牌；其余13亩按100万元/亩挂牌，用于体育场馆配套体育用房建设，建筑面积2万平方米；竞拍者须同时拍得两地块。新建成的体育设施和改造后的体育馆由地块受让方负责维护管理，维护管理年限为20年。

政府通过将预期盈利能力较高的土地与预期盈利能力较弱的全民健身中心规划用地进行"捆绑招商"，"打包"推向市场，吸引社会资本投资，对现有体育场馆进行改造，从硬件条件上提高了场馆的服务水平；加建体育场馆或设施，依馆建馆、以馆兴馆，丰富了体育服务内容；加上配套商业设施的建设，实现周边土地的升值，既给予了投资者充分的投资回报空间，也扩大了整个体育服务综合体的服务辐射范围，有效地解决了体育场馆建筑设施陈旧、布局分散、场馆孤立等问题。

五 推进场馆功能改造的建议

为推进场馆功能改造，丰富场馆服务功能，依托场馆打造体育服务综合体，提升场馆服务供给水平，根据国内场馆已有改造实践，提出如下建议。

（一）明确改造主要目标，做好前期规划设计

根据国家体育总局关于场馆"两改"的相关文件精神，场馆功能改造的主要目的是打造体育服务综合体，但体育服务综合体类型多样，其功能定位亦有较大差异。因此，场馆应因地制宜，科学明确功能定位，结合所在区位条件以及群众需求，明确主要改造目标，在符合区域发展规划和场馆用地规划的前提下，结合场馆多年的运营实践，优化场馆运营服务功能，做好场馆改造的前期规划设计工作，解决场馆建设时因规划设计不合理对场馆运营带来的不利影响，赋能场馆未来运营。

（二）积极引入社会力量，推进场馆机制改革

从场馆功能改造的政策意图以及实施路径来看，引入社会力量参与场馆功能改造是"两改"的重要政策意图，通过引入社会力量参与场馆功能改造，有助于盘活现有的存量场馆资源。社会力量的参与，必然要考虑场馆功能改造投入的收益与回报，更加关注群众的服务需求，有助于提升场馆的运营效能。场馆功能改造在引入社会力量的过程中，必然要涉及场馆运营机制的改革，机制改革是前提，场馆业主方或现有运营机构可通过合资（作）、委托运营等多种方式与社会力量建立合作关系，以积极吸引社会力量参与场馆的功能改造。

（三）推行功能改造试点，编制功能改造指南与负面清单

场馆功能改造工作受各地经济发展水平、体育消费水平和场馆条件等多方面因素的影响，全国不可能有统一的模式，部分地区推进场馆功能改造的条件尚不成熟。因此，场馆功能改造应在先行试点的基础上逐步、稳步推进。建议各省（区、市）选择不同类型的场馆进行功能改造试点，探索适合各地实际情况的功能改造模式，在各省（市）试点探索的基础上，加强对各地试点情况的跟踪研究，梳理、归纳形成部分具有较强可操作性的场馆功能改造典型案例、模式与路径，为各地稳步推进场馆功能改造工作提供经验借鉴。场馆功能改造过程中涉及功能改造后的业态布局问题，《中华人民共和国公共文化服务保障法》等法律法规对场馆使用范围进行了明确界定，只能用于体育相关业态的经营，但什么是体育相关业态，哪些业态是禁止的，相关法律法规并未明确。根据"法无禁止即

自由"的原则，只要是法律未禁止的业态都是可以开展的。鉴于相关法律法规对于体育相关业态的规定尚不清晰的现实，建议国家体育总局根据场馆"两改"工作的现实需要以及规范场馆运营的迫切需求，尽快编制场馆改造运营负面清单，明确场馆禁止布局和开展的业态，通过负面清单的编制，严格控制场馆内非体育业态的布局与经营活动，为场馆功能改造划定红线，负面清单之外的业态，场馆运营机构均可以涉足，亦有助于规范各地场馆的运营活动。目前，部分场馆在功能改造过程中引入了新兴业态，但由于新引入业态被地方政府认定为非体育业态，要求场馆限期清退，对场馆运营单位以及社会力量投资均造成了不良的影响。因此，为规范推进场馆功能改造工作，编制场馆功能改造负面清单十分必要且较为迫切。

六 结语

场馆功能改造既是盘活场馆存量资源的重要手段，也是推进场馆绿色、低碳可持续发展的重要方式，在当下和未来市场具有较为迫切的需求。借鉴 2022 年北京冬奥会充分利用夏奥场馆遗产的成功经验，未来改造利用现有场馆将成为承办国际大型体育赛事场馆发展的重要趋势。但遗憾的是，国内关于场馆功能改造的相关研究较为匮乏，期待本文能够抛砖引玉，引起国内更多学者对场馆功能改造问题的研究与关注，为未来场馆的改造可持续利用提供理论支持。

参考文献

郭湘闽、曾克：《基于 ROT 模式的大型体育中心赛后改造规划探讨——以深圳大运中心为例》，《规划师》2015 年第 7 期，第 24~29 页。

张强、陈元欣、王华燕等：《我国城市体育服务综合体的发展路径研究》，《成都体育学院学报》2016 年第 4 期，第 21~26 页。

王家宏、蔡朋龙、陶玉流等：《我国城市体育服务综合体的发展模式与推进策略》，《武汉体育学院学报》2017 年第 7 期，第 5~13 页。

李艳丽：《我国公共体育场（馆）事业单位资产管理分类改革研究》，《体育科学》2013 年第 10 期，第 14~20 页。

雷厉、肖淑红、付群等：《我国大型体育场馆运营管理：模式选择与路径安排》，《北京体育大学学报》2013 年第 10 期，第 10~15 页。

陈元欣：《体育服务综合体：理论与实践探索》，华中师范大学出版社，2022。

华奥星空：《体育场馆型体育服务综合体之深圳大运中心》，https：//www. sports. cn/cydt/tycg/2021/0804/388264. html. 2021 年 12 月 10 日。

李斐然：《五棵松体育场馆运营理念研究》，《文体用品与科技》2017 年第 4 期，第 14~19 页。

Research on the Functional Transformation of Sports Venues

Chen Yuanxin

Abstract：The functional transformation of venues is an important measure to solve its single service function and improve operational efficiency. The functional transformation of venues should first define its orientation, and the ultimate goal of the transformation is to enrich the service function of national fitness and build a sports complex. The future business model of the venue should be designed according to its functional orientation；there are three modes of transformation：independent transformation, cooperative transformation and authorized transformation. The main body of transformation should be social forces. Functional transformation can be divided into three modes：local transformation inside the venue, overall transformation and venue plus surrounding transformation. Local transformation inside the venue should be the main mode to revitalize and expand the available space of the venue. Limited by its public welfare and the nature of allocated sports land, the venue renovation can only be dominated by sports-related owners in the layout of the format. Based on the analysis of the case of functional transformation of Lize Cultural Square in Wujiang, Suzhou, this paper puts forward the following advices：clarifying the main objectives of the transformation and completing the preliminary planning and design. Actively introducing social forces to promote the reform of venue mechanism. Some suggestions to promote the functional transformation of venues, such as carrying out the functional transformation pilot, compiling functional transformation guidelines and negative lists, are expected to provide theoretical support for promoting the functional transformation of venues.

Keywords：Sports Venues；Functional Transformation；Venue Construction

样态与机制：体育文化消费主义探骊[*]

邹青海　董　宇　彭万军　卢再水　蔡　啸^{**}

【摘　　要】体育文化消费主义是基于新时代社会思潮下体育消费主义在体育文化场域的繁衍，现阶段正逐步渗入人们的日常生活圈子。体育文化消费主义主要有消费的体育文化和体育文化的消费两种现实样态，前者凸显为体育消费主义以体育文化机制融入社会生活，后者凸显为体育文化的庸俗化、商品化、产业化等特点，其要警惕体育文化消费主义夹杂着的体育"饭圈文化"现象。心理操纵、资本循环、传播机制是体育文化消费主义的三大作用机制，其在体育文化精神需求、消费心理、消费氛围等方面对消费者体育文化生活造成不良影响。所以，要主动强化国家"无形之手""有形之手"对体育文化市场资本的引导和体育文化的规制；引导消费观的理性养成，以满足美好的精神生活需要；以介质传播输出的价值牵引来构建健康的体育文化消费氛围。

【关 键 词】体育文化；消费主义；现实样态

体育文化消费主义是时代变迁下消费主义时尚潮流在媒介传播、市场资本、消费心理、体育文化消费氛围、精神需求等内在逻辑的共同机制下向体育文化领

＊　本文系 2021 年度黑龙江省高等教育教学改革一般项目（项目编号：SJGY20210234）、黑龙江省教育科学"十四五"规划 2021 年度重点课题（课题编号：GJB1421085）、教育部人文社会科学基金项目（项目编号：13YJC890013）的阶段性研究成果。

＊＊　邹青海，哈尔滨工程大学体育部在读硕士研究生，研究方向为体育人文社会学。董宇，哈尔滨工程大学体育部副教授，硕士生导师，研究方向为体育人文社会学，本文通讯作者；彭万军，贵州医科大学运动与健康学院；卢再水，哈尔滨工程大学体育部；蔡啸，贵州医科大学运动与健康学院。

域耦合的时代产物和现实形态，它既有消费主义的特征符号，也有文化领域的现实样态。消费主义在体育文化领域的延伸促进了体育文化领域的繁荣发展，在体育文化商品化、体育文化视觉化、体育文化产业化的驱动下，中国体育文化在新时代发展中开始迅速崛起。为此，也对消费群体的内心世界、文化诉求、精神满足、心理需求带来了负面链条，体育文化的庸俗化、功利化、符号化等现实样态层出不穷，其弱化了消费群体对于体育回归教育的育人理念目标。在新时代，为了防止体育消费主义对体育文化领域过度异化而影响体育文化的育人机制，有必要在识别体育文化消费主义的现实样态与作用机制的前提下，对体育文化消费主义进行有效的价值引导和理论批判，从而促进体育文化在新时代的全方位发展和塑造民族体育文化消费心理，在全面可持续发展中提升民族体育文化消费实力，进而为体育文化强国建设添砖加瓦。

一　体育文化消费主义的现实样态

体育文化消费主义在新时代的社会主义中国呈现为体育文化产业化、体育文化视觉化、体育文化产品化、体育文化异化的现实样态，也就是在新时代体育文化逐渐成为大众消费群体的日常消费品，也体现在通过不断的制造体育消费主义的体育文化氛围圈来诱导大众消费群体进行体育文化消费，在新时代体育文化消费主义逐渐成为一种时尚、习惯、标志、象征、仪式。为此，体育文化的消费和消费的体育文化是新时代社会主义中国体育文化消费主义的两种现实样态。

（一）体育文化的消费：体育文化发展的资本逻辑

党的十一届三中全会后，市场资本开始进入中国，市场资本在驱动生产力、生产关系变革发展的同时也产生了一系列的负面效应，在消费场域则衍生了体育消费主义的形成。市场资本逻辑下体育消费主义逐渐从物质消费场域拓宽到精神文化消费场域，为此，驱动了体育文化消费主义在新时代的繁荣发展，新时代体育文化消费主义在中国呈现如下几种现实样态。

首先，体育文化生产的商品化和产业化。新时代中国体育文化的发展离不开市场经济的繁荣发展，而体育文化也逐渐走向商品化和产业化发展阶段，体育文化在市场资本逻辑的驱动下向商业市场进军，促使体育文化成为商品进而被放在货架上售卖。同时，也使得体育文化产业批量生产，体育文化产出的形态是产业形式，实质是市场资本业态对体育文化的生产，一般在市场资本下体育文化产品为迎合消费群体的体育文化消费而采用的产品化、市场化方式，从而达到集约化生产创造、流通传输、消费形态的产物。在市场资本逻辑下体育文化不断进行生产创造、流通输出、消费内化的循环复制，体育文化产品在生产、传播、消费中成为产品，流通输出于各个资本市场，资本市场大多以追求核心利益为目的，从而体育文化也可成为自由买卖与消费的物品。例如，2022 年北京冬季奥林匹克运动会纪念商品、美国 NBA 电视转播权、欧洲杯足球赛、体育博彩等，其幕后的驱动力量都是市场资本逐利。体育文化产品不断沦为普通产品，依据消费群体的生理、心理需求来进行规模化生产，体育文化的产品化、产业化是在市场资本逻辑指引下体育文化发展的新时代趋势。

其次，市场资本下体育文化生产内容的娱乐化、庸俗化不断流行。在新时代体育文化的产品化发展视域下，基于市场资本逻辑与消费群体生理、心理需求的二元互补逻辑，体育文化生产内容的发展逐渐趋向庸俗化、娱乐化。体育文化消费主义在新时代聚焦对体育文化产品的个性化阐述，但个性化阐述通常会夹杂低级趣味的赛前互喷、巨星表演等元素，来诱导受众的消费心理及消费欲望。第一，体育文化产品的生产创造以满足资本市场消费群体生理、心理需求为前提，为满足消费群体的消费需要、观念、心理，体育文化产品的内容生产元素逐渐趋向娱乐化方面，进而来满足消费群体的生理、心理需求。在都市化的条件下，人们的生活节奏加快，这让消费群体承载着都市化生活的巨大生理、心理压力，焦虑情绪、网络综合征、孤独的个体时代等涉及个体现实生活起居，而体育文化的娱乐功效能让人们在一定时间内去除焦虑、网络综合征、孤独的个体时代，从而获取快乐感。第二，在资本市场的驱动下人们为了能批量地复制体育文化产品，同时为了俘获大量的粉丝量，体育文化产品的内容、精神等元素容易被创造者剥离，从而造成体育文化产品内容的庸俗化。以体育短视频为例，其内容多以娱乐为核心，为了满足消费群体的娱乐、从众、猎奇、求异心理，在创作中夹杂着动作夸张等体育文化内容，而又被人们不断地进行创作模仿、复制妖化与传播扩散；"互联网+体育"中不断出现相似案例，如球星人肉搜索、电子竞技妖魔化等，而这也是在资本逻辑下"流量经济"的新时代产物，体育文化生产内容的娱乐化与庸俗化是时代特征所折射的镜化样态。

最后，体育文化呈现的符号化与消费化。在新时代资本市场逻辑的驱动下，一些体育文化仪式与体育文化符号所代表的语义被代替，形成以资本市场为核心、以体育赛事为渠道，以身份、地位、名誉、资本为具体的意义代表体系。而体育文化之所以被消费群体"消费"，是因为体育文化内容满足社会流动的编码以及体育文化编码、社会等级编码、译码元素的内在目标需求。以奥运竞技比赛这种体育文化现象为例，奥运竞技比赛获得的奖品，本身具有特殊的体育文化寓意、象征及内涵，代表着成就、自豪、开心、快乐，但在新时代资本市场逻辑的驱动下，成为符号语义象征，只存在于被特定赋予的符号语义体系下。它彰显着消费群体的身份、地位、荣誉，是主办方与竞赛者之间的权力交换与关系固化方式，竞技比赛奖品的礼物越贵重，象征着人们对本次赛事的聚焦度越高。同时，体育文化形式也存在着被过度消费的样态，在人们崇尚体育仪式感的生活逻辑中，许多体育节目被赋予体育文化仪式象征、符号语义，从而被资本市场逻辑操纵，成为消费群体的消费对象。为此，体育仪式的呈现需要社会资本的涌入，体育仪式语义的编码输出、译码传递二者均与市场资本投入有关联，如 2008 年北京奥运会开幕仪式、学校运动会开幕仪式、体育巨星退役仪式、体育巨星的球衣仪式等，而这都是在消费中实现其语义输出传递与符号表达，体育文化仪式被过度消费成为新时代体育文化消费主义的现实体现。

（二）消费的体育文化：消费主义的体育文化逻辑

在新时代资本市场机制的驱动下，体育文化消费逐渐成为人们的生活常态，同时，体育消费主义的体育文化图式景观也在被消费群体构建，一系列驱动体育消费的体育文化氛围正在社会环境系统中生成，即体育消费主义通过体育文化机制进入人们的生活圈子，从而循环地生产与再生产消费的体育文化。体育文化对于个体而言，个体身处狂热、痴迷的体育消费文化图式景观中，个体进行体育文化消费是必然的，因此只能吸纳体育消费主义对个体意识的规训，个体进入消费的体育文化行列。消费体育文化机制存在以下几个维度。

首先，消费主义下消费意识、习惯的差异化发展。从以消费为核心的社会经济意识形态出发，体育文化内在形式的传播输出是一种意识形态的策略。体育消费主义借助体育文化形态进入消费群体的社会生活，也对消费群体的行为表现和思想观念产生规训机制，通过诱发消费群体的体育文化消费欲望，从而让受众萌生体育文化虚假消费需求，进而催生错误的体育文化消费观，使其成为体育消费的"奴隶"，推进体育文化消费社会的可持续运转。体育文化消费主义对消费群体的思维观念影响表现在两个方面：第一，进行体育文化消费自由是消费群体的内在本性，从而误导消费群体形成错误的体育文化消费观，即体育文化消费是消费群体的本能行为，人们生活的目的是进行消费；第二，把消费群体的价值实现与生存视为体育文化消费产品，诱导消费群体形成错误的体育文化消费价值观。通过二者的规训，消费群体的体育文化消费意识、需求、习惯都在无意识中被改造、内化、濡化，从而满足体育文化消费社会中市场资本增值的利益需求。

其次，体育文化消费主义在新时代逐渐成为体育文化景观。从思想认知层面对消费群体进行意识规训，也在生活中为消费群体建构消费的体育文化景观，渲染体育文化消费是生活中的核心与乐趣，如极具观赏性的 NBA 短视频、体育赛事媒体广告、体育综艺娱乐节目、体育影视作品，为体育文化消费营造了良好的消费空间。体育文化消费已渗透到人们的生活，建构的体育文化场景给消费群体带来不真实的消费景象，电视、手机、互联网等的体育文化宣读、体育服装广告、运动营养讲解等，基于此的体育文化场景，消费群体会潜移默化地沉浸其中，享受消费的体育文化景观给生活带来的志趣，也会在体育文化消费中迷失方向，误解体育文化消费目的、价值、意义的时代定位。

最后，体育文化消费主义文化氛围引领消费群体的消费激情。新时代，体育文化消费主义通过大众媒介、微传播、人际传播、群体传播等多种传播机制渗入消费群体的生活，为消费群体营造了普遍消费的体育文化氛围，而体育文化氛围又驱动了消费群体的消费动机。为此，体育消费方式层出不穷，从体育消费品视角来看，有体育服装消费、体育健身消费、体育赛事门票 VIP 消费、电子竞技消费等各种消费品不断繁衍；从个体体育视角来看，为了订制球鞋、购买偶像门票、购买体育博彩等，个体提前消费、过度消费、贷款消费等形式不断涌现，体育文化消费现阶段已不再是为满足消费群体内在需求的手段，其已成为体育文化消费目的本身，消费内容也不局限于物的使用价值，而在于身份、地位、荣誉的凸显和符号性炫耀，体育文化消费在新时代将成为体育文化症结与体育文化氛围的外在表现，消费群体通过体育文化消费来达到自我认知、认同，不断进行价值判断与价值选择，维护社会中体育交往关系等，也在消费体育文化的总体氛围中享受体育文化消费所带来的生活乐趣和虚假满足。

（三）防范体育文化消费主义带来体育"饭圈文化"

近年来，我国运动健儿在重大赛事中不断取得佳绩，随之公众聚焦度也在不断提升。运动健儿在比赛中取得佳绩、为国争光，理应受到公众称赞，其也能吸引社会各界关注体育项目，带动更多人参与体育活动，进而推动全民健身。但由于文娱明星"翻车事件"频出以及综合治理工作的加码，平台和企业为寻求"更向上、更主流、更安全的流量"，进而不断把目光转向运动健儿，运动健儿群体的商业价值再次被重视，全运会斩获 6 枚金牌的游泳运动员汪顺在机场被大批粉丝围住，有人多次强行给他戴帽子。无独有偶，全运会开赛前，乒乓球国手樊振东经历了粉丝送机引发的混乱，无奈之下，他恳请球迷们"允许我做个普通人"。针对此类问题，中国奥委会发表声明，希望社会各界在一如既往关爱运动健儿的同时，尊重其个人权益，理性追星，避免不当言行。究其原因，离不开体育文化消费主义的影响，在体育文化消费主义过度异化下，上门直播、跟拍、私信骚扰等怪象层出不穷，体育文化消费主义在过度异化后错把体育明星当成娱乐偶像，进而把聚焦点放在了体育成绩之外，用一种对娱乐明星窥私的心理，去过度介入体育运动健儿的日常生活。当公众一味地用追求商业明星的方式崇拜体育运动健儿，当"饭圈"的"口水大战"被带进体育圈，当比流量拼热度成为常态，追星就成了过度的消费主义，体育文化消费主义的商业化、产品化被无限放大。首先，"饭圈式"追星消费主义干扰了运动健儿的竞技状态和正常生活，在铺天盖地的热捧面前，运动健儿难免沾沾自喜、骄傲自满，影响踏实规训状态。其次，"饭圈式"追星消费主义扭曲了体育精神、女排精神、珠峰精神等。体育"更高、更快、更强、更团结"的格言，既反映了昂扬向上的体育精神，也体现了体育比赛的魅力，而在体育文化消费主义的诱导下，粉丝对运动健儿无孔不入的跟拍、无休止地要求"亲密接触"，容易让一些运动健儿迷惑从而"跑偏"，进而享受众星捧月的快感，甚至以此为跳板进军娱乐圈，使其初心瓦解。最后，"饭圈式"追星消费主义削弱了群众基础。职业运动健儿只是金字塔尖的少数人，群众广泛参与、青训体系完备、后备人才充足，才是体育运动长盛不衰的基石。以"造星"模式"追星"，把体育圈异化成"饭圈"，舆论聚焦于一夜成名的运动员，长此以往，体育项目整体氛围将变得乌烟瘴气，从业者成就感日趋下降，群众基础逐渐动摇，从而不利于体育事业持续健康发展。为此，体育文化消费主义下体育圈的"圈"，不该也不能变成"饭圈"的"圈"。粉丝要客观、理性看待运动健儿，给运动健儿留出私人空间，保持一定距离；相关网络平台、社会组织应引导粉丝依法依规、正确合理进行体育文化消费；有关部门也应强化对运动健儿的日常管理，在保障训练比赛与业余生活的同时，杜绝体育文化消费主义夹杂"饭圈文化"对体育文化消费的袭扰，进而还体育界一片清净。既让运动健儿"出圈"出彩，又要防范体育文化消费主义带来的"饭圈文化"对体育文化领域的侵蚀。

二　体育文化消费主义的作用机制及其危害

体育文化消费主义之所以能够进入受众的平常生活，成为一种体育文化现象，影响受众的思维、行为、习惯和日常生活，原因在于体育文化消费主义多重的作用机制，涉及体育文化消费主义的传播机制、心理作用机制与资本循环机制等，其危害性也借助其机制得以形成。

（一）体育文化消费主义的传播机制

在新时代，传播介质对体育文化消费的流行起着驱动作用，以大众传播、微传播为代表的传播介质刺激了消费群体的体育消费欲望，驱动了体育文化产业与体育产品市场的耦合，从而创新了新时代社会生活的体育消费方式。体育文化的批量化、产业化生产也是在大众传播、微传播的驱动下实现的，特别是在新时代人工智能、"互联网+"、数字科技快速发展的今天，基于数字技术的算法推荐、定向分发的体育信息传播，将有效实现体育文化产品的精准推送。根据大数据的算法分析，体育文化产品可被精准地推送给有需求的消费群体，从而保障体育文化产品消费的精准度。同时，大众传播与微传播在体育文化产品的符号化、形象化、象征化建构中起着重要导向作用，在社会生活中一些体育文化产品总是被有意、无意地贴上标签，给予具体的形象化以及赋予符号语义，此类宣传在生活中屡见不鲜。消费群体消费的体育文化产品可以折射出消费群体的生活品位与自身身份等，体育产品的市场符号寓意在现实生活中被深度挖掘，从而传递输出给消费群体，并且诱导消费群体进行体育文化消费，为消费群体创造体育消费的虚假幻象。尤其在媒介输出时代，媒介平台是体育消费文化的传播输出渠道，也是市场资本积累的工具性手段，媒介是体育文化消费中的重要元部件。以体育短视频为例，作为视频与体育融合的嫁接点，体育短视频是新时代自媒体技术发展的产物，也是体育文化产品通过网络呈现给消费群体的载体。在以流量为王的介质传播资本机理下，体育短视频过度强调流量聚焦、点击率的市场资本，导致生产内容粗糙、简单、雷同，尤其是一些体育健身类短视频，在流量催生下不断变味和走样；而电子网络竞技的目的更离不开流量、点击率和消费群体的打赏，电子网络竞技体育文化乱象不断涌现。可见，大众传播、微传播在推动体育文化的产品化、娱乐化、形象化、符号化方面起着重要作用，其负面影响在社会生活中不断扩大。首先，体育文化的产品化、庸俗化、娱乐化发展曲解了体育文化所具备的育人功能，从而使体育文化沦为市场资本增值的经济性工具，而体育文化生产内容的娱乐化、庸俗化也影响了社会生活的体育文化氛围，尤其青少年对青少年成长造成不好的价值观影响。其次，大众传播与微传播渲染的环境氛围很容易让消费群体陷入体育文化消费的泥潭，造成不良的社会消费风气，消费群体的炫耀性体育文化消费，导致过度消费从而诱发社会危机。

（二）体育文化消费主义的心理操纵机制

体育文化消费主义之所以盛行，在于体育文化市场对消费群体心理的认知、了解。基于心理学、体育心理学等一系列的心理机制，如群体消费的从众、攀比心理，在光环效应的驱动与激发下，在个体消费领域，个体对体育文化消费欲望得以激活，进而人们的消费习惯与消费行为发生改变，为消费主义的推广提供心理诱导。在群体心理领域，多种消费形式、宣传理念及力度，对消费群体造成心理暗示等，驱动消费群体对体育文化产品进行消费，如利用消费群体的从众心理，将体育文化产品包装成时尚潮流的商品，渲染成群体都在消费的体育文化消费社会氛围，所以，消费群体在从众心理的驱使下便会自由、自主地进行体育文化消费。再如，在攀比心理的作用下，消费群体期待标新立异的体育文化消费以凸显个体的身份、品位、地位、荣誉等，体育文化生产者抓住消费群体的这种心理，借助稀缺资源，制造体育文化消费的个性化差异、贴上热门符号标签，从而对消费群体消费进行心理暗示，体育文化产品的符号语义、象征表意便凸显出来，对于消费群体来说只需做体育文化消费的"选择题"，不必做"判断题"。在个体心理领域，体育文化消费主义通过驱动消费群体的内心消费欲望、满足消费群体的虚假需要，从而推动消费群体对体育产品的消费并驱动消费群体新的精神需要和物质需要。体育文化消费为消费群体带来了内心虚假的满足与外在空洞的成就，机体上的这些感觉与游戏上瘾类似，使消费群体痴迷其中，从而诱发心理成瘾机制，致使消费群体只有不停地进行体育文化消费，心理和躯体上才可获得愉悦和快感。体育文化消费的心理机制对消费群体的消费行为产生了持续性影响。

（三）体育文化消费主义的资本循环机制

体育文化消费是实现市场资本循环的重要一环，也是实现市场资本增值的必要手段，生产出来的体育文化产品只有被消费群体持续不断地进行消费，使用价值才能转化成价值。为此，市场资本才能持续循环。其一，市场资本的增值属性驱动了市场资本向体育文化领域的拓展，体育文化的产品化、消费化、产业化的发展迎面而来。体育文化的生产应有创意、育人价值，但在资本逻辑的驱动下，为了实现体育文化高效的生产与进行体育文化最大化的消费，体育文化生产出现了工厂流水式的生产，驱使消费群体进行体育文化消费并将此作为核心所在，体育文化消费是资本循环的一环，即体育文化生产成本与体育消费剩余价值的达成，标志着市场资本循环的周而复始。其二，体育文化产业由于资本融合，产品出现娱乐化倾向。资本的收益让体育文化产业流向有利空间，生产和消费流向资本时，会夹杂着资本利益，资本追求收益的结果是内容生产的娱乐化、庸俗化，在降低体育文化生产成本、批量生产体育文化产品时，也可拓展消费群体的范围，吸引消费群体的兴趣，迎合消费群体的内心欲望。资本逻辑下体育文化消费给人们的生活也带来了负面影响。首先，体育文化产品存在参差不齐，体育文化的精神内核、价值意蕴被资本逐渐消解，粗制滥造的体育产品、庸俗化的体育消费文化频繁出现，消费乱象屡禁不止，体育文化在自媒体时代的复制、粘贴、模仿，使体育文化由原来的情感表达转变为无所指的图像、符号，从而制造了无序的体育文化消费世界，表面是真实世界存在，其实是虚幻的水中倒影。其次，消费群体的体育文化消费也只是纯粹的物质消费，消费群体的精神享受、满足不可能实现，个体精神世界的空虚拓展到社会群体，引发群体的情绪焦虑、心情烦躁，从而给群体带来持续性的"次生灾害"。

三 体育文化消费主义的探骊

面对体育文化消费主义的多重作用机制给体育文化发展与受众精神生活带来的深层危害，我们有必要采取一系列措施以阻止和预防其危害的扩大化，从而让体育文化发展遵循体育文化规律，在大众参与体育文化消费中满足美好精神生活。

（一）强化国家"有形之手""无形之手"的规制，进而重构体育文化生产中的资本逻辑

体育文化消费主义的生成、输出、传播本质是由市场资本"无形之手"驱动的，对此，要运用好国家的"有形之手""无形之手"加以规制、引领、内化，而不能由体育消费主义在市场资本逻辑下任意运作、自由生产；也要运用好市场资本在体育文化生产、体育文化创新、体育文化大众化发展方面的优势，发展繁荣体育文化以满足消费群体的美好精神需要。首先，对市场资本逻辑进行积极规制，从而守住体育文化生产的法律、法规和道德的底线。在市场资本利益的驱动下，体育文化生产领域的体育文化乱象不断加剧，导致一部分体育文化产品突破了法律、法规、道德的底线。对此，国家需要用行政、法律、法规的实权来规制、约束市场资本，积极强化对市场资本的监管与监督，对违法行为和社会乱象进行严惩和精准治理，主动营造积极健康、有营养的体育文化生产氛围；也要引导资本对体育文化产业的全面可持续发展。不加监控的资本会自发流向高收益空间，但国家通过有计划、有目的、有条件地规制、引领，从而保障市场资本的一部分流向公共领域，体育文化消费是满足消费群体精神需要的组成部分，为此，要用行政权力引导市场资本在体育文化领域的合理流动，从而生产出符合消费群体需求的体育文化产品，如健身短视频、太极文化图、体育网络文化等。体育文化创作领域的发展源自市场资本的投入。体育文化产品的创新、创造需要市场资本的注入，也需要体育文化生产者的潜心创作。因此，国家在体育文化生产人才培育、市场资本投入等方面要引导市场资本合理流向体育文化领域，为体育文化产品创新创作、体育文化生产人才培养、市场发展投入合理资本。同时，运用市场资本的优势来繁荣、发展、弘扬社会体育文化。利用市场资本的资源优势

是体育文化繁荣发展的重要支撑。首先，消费群体的体育文化精神内需呈多元化、多层次、多类别的新时代特征，在市场资本逻辑的驱动下体育文化生产创作可满足消费群体的体育文化精神需求，从而实现体育文化对消费群体的全覆盖，满足消费群体的身心需求。其次，市场资本在引进国外体育文化、创新民族传统体育文化和发展民族特色体育文化等方面具有优势，市场资本流向体育文化领域，对于体育文化领域的繁荣发展起到重要作用。

（二）引导体育文化消费观的理性生成，从而满足消费群体的精神生活需要

新时代，人们的需求矛盾发生变化，精神生活需求已成为消费群体的内在刚需，而满足消费群体美好精神生活的需要，就需提供丰富的体育文化内容，即满足消费群体的精神文化需要。因此，要有充足、丰富、多元、高质量的体育文化产品的持续性供给。美好精神生活的全社会营造，致力于消费群体形成理性的体育文化消费观，保障体育文化消费在科学理性消费和自由畅通的正确道路上前行。首先，主动培育消费群体对体育文化的需求，逆向倒逼体育文化创新发展。资本机制下生产主导消费，而体育文化消费则影响着体育文化生产，在体育文化产品的生产过程中，消费群体对体育文化消费的倾向会直接、间接影响体育文化发展的方向。因此，应主动培育消费群体对体育文化精神生活的需求，以体育文化消费行为、习惯来影响体育文化生产方式，进而驱动体育文化趋向精致化发展，对受众来说，美好精神生活需要涉及对更高、更强、更快、更团结，锤炼意志，增强体质，珠峰精神，女排精神等的向往，消费群体的需求会诱导生产变革，那些"残次品"将会被驱逐出资本市场，而那些正能量、阐述时代体育精神、富含价值的体育文化产品将会占领体育文化市场，引导体育文化消费潮流。其次，主动营造健康的体育文化消费氛围，引导消费群体体育文化消费行为的理性化。在新时代体育文化消费中，一些消费群体受到错误的体育文化消费心理驱使，如在攀比、从众心理等的驱使下，过度消费体育文化产品、对体育文化产品的超前消费等，从而造成不良效应，加剧受众的心理焦虑、经济压力等。因此，要积极培育科学合理、理性消费的心态，从社会全体上培育、引领、塑造消费群体的健康、理性的社会心态，监督、落实到体育文化生产、消费领域，培育消费群体理性、积极、科学的体育文化消费观念，摒弃错误体育文化消费心理引导下价值观与个体消费的盲目行为。最后，对体育文化消费进行价值指导，引领消费

群体形成正确的消费观。充分运用国家在体育文化消费治理中的导向作用，发挥大众传媒、微传播的引导作用，依据消费群体的体育文化消费主义内在机理、社会根源及时代特征，强化消费群体对体育文化消费主义的价值认知与价值选择，尤其是体育文化在大数据算法的推荐下把信息精准输入消费群体，形成正确的消费观，帮助消费群体理性认知体育文化消费机制，避免过分聚焦体育文化产品的消费象征意义、符号价值，引导对使用价值的聚焦。

（三）运用好介质传播输出中的价值引领，进而营造健康的体育文化生态消费系统

媒介在体育文化的生产、输出、传播中有着重要作用，在自媒体时代，媒介输出方式已融入群体的生活圈子，成为人们生活的一部分，体育文化与媒介的融合也日益加剧，媒介对体育文化发展的影响也越来越深刻。新时代，媒介在传播输出体育文化的同时也存在市场资本的操控与媒介流量"唆使"，对此，要发挥媒介平台的把关监督、价值引导等作用，用媒介引领体育文化传播的价值流向，进而在社会营造体育文化消费氛围。加大大众传媒、微传播对体育文化产品的线上、线下宣传力度，为体育文化传播提供介质路径。实践证明，体育文化产品虽不能惊艳世人，但能持续性地发挥体育文化育人的价值，并能经受历史考验与人民检验而长期存在。在自媒体时代的流量导向下，一部分媒体平台聚焦体育文化的短期介质传播效益而缺失对体育生产内容的关注，致使自媒体平台充斥低劣、庸俗的体育文化，而好的体育文化产品受平台限制、生产者的不聚焦，从而缺乏裂变式、涌现式的传播输出"爆点"，无法形成有效吸引消费群体眼球的"卖点"，因此得不到介质平台的高效输出传播。对此，首先，要引导介质平台加大力度对优秀体育文化产品进行算法推荐和定向分发，让优秀的体育文化精品能够得到更加广泛传播，让更多受众能够接收到健康、观念正确的体育文化产品。其次，体育文化生产者要紧跟新时代步伐，在创作中创新体育文化呈现形式、简洁话语以适应受众需要，以体育文化精品来吸引受众、服务受众，让受众在体育文化消费中感受到体育文化的温度、享受体育文化的精神。再次，加强媒介体育文化的价值塑造，增加体育文化的时代价值以满足消费群体的精神世界需要。新时代，介质媒体是思想输出传播与群体精神有效交往的信息载体，介质媒体是体育文化产品传播输出的中介，也是体育文化生产的众多发源地之一。尤其在自媒体

时代，媒介传播体育文化已成为满足消费群体精神生活需要的重要途径，如抖音健身短视频、电子网络竞技等，都是消费群体在休憩健身的重要渠道，满足不同类型消费群体的精神世界需求，但在市场资本的诱导下，如果任由体育文化自由发展，容易产生体育文化价值传播乱象，可能出现主流意识形态缺位的现实样态。因此，在体育文化生产中要强化思想引领，把社会主义核心价值观融入体育文化媒介传播体系中，保障消费群体在享受体育文化盛宴的同时，能在体育文化消费体验中接受主流意识形态潜移默化的熏陶，而不是在体育文化消费中过度迷失。最后，运用媒介平台引领社会体育文化风气的优势作用，促进积极健康的体育文化消费氛围在全社会形成。在人人都是"麦克风"的自媒体时代，体育文化消费直接面向消费群体，其传播输出的体育文化内容直接作用于消费群体生活，因此，媒介平台对社会系统的体育文化氛围具有引领功能，媒介平台通过算法推荐与定向分发的机制进行宣传弘扬积极的体育文化，从而作用于消费群体的思想观念及社会系统的体育文化氛围。当前，体育文化消费主义盛行，介质平台肩负着体育文化消费引领社会风气与氛围的时代责任，须积极"传播健康体育文化，净化体育文化系统"。在大众传媒、微传播中进行客观点评、消息推送以引导消费群体理性认知体育文化消费，对错误的消费行为进行预防、批判、纠正，对经典案例进行报道，推荐高质量体育文化内容，确保消费群体在理性、科学的体育文化消费中感受体育文化魅力、享受体育文化给人们带来的"精神之钙"。

参考文献

任平：《文化的资本逻辑与资本的文化逻辑：资本创新场景的辩证批判》，《江海学刊》2013 年第 1 期。

鲍金：《揭开消费主义的意识形态面纱》，《马克思主义研究》2013 年第 11 期。

曹卫东编选《霍克海默集》，上海远东出版社，2004。

《马克思恩格斯选集》（第 1 卷），人民出版社，1972。

吉志鹏：《消费主义文化——一种意识形态存在形式》，《天府新论》2010 年第 2 期。

罗铭杰、刘燕：《消费主义的意识形态结构解码》，《财经问题研究》2020 年第 9 期。

孔维峰：《我国体育消费文化的反思与重构——从"乔丹体育"侵权事件谈起》，《体育学刊》2012 年第 5 期，第 33～36 页。

黄奋：《媒介体育文化消费的作用机制》，《当代体育科技》2014 年第 5 期，第 107～109 页。

唐鹏、谢正阳：《现代工业文明发展观背景下体育文化的异化研究》，《武汉体育学院学报》2016 年第 12 期，第 27~33 页。

董青、洪艳、崔冬冬：《符号、涵化与景观——批判视野下的消费主义与体育文化奇观》，《武汉体育学院学报》2010 年第 10 期，第 20~23 页。

〔德〕马克斯·霍克海默、西奥多·阿道尔诺：《启蒙辩证法》，渠敬东、曹卫东译，上海人民出版社，2006。

〔美〕埃里希·弗洛姆：《马克思关于人的概念》，载陈学明主编《二十世纪哲学经典文本·西方马克思主义卷》，复旦大学出版社，1999。

张志成：《消费主义影响下电视体育文化视觉形象传播的符号学阐释》，《现代交际》2018 年第 16 期，第 48~50 页。

〔美〕马丁·杰伊：《法兰克福学派史》，善世联译，广东人民出版社，1996。

殷文贵：《文化消费主义的存在样态及其意识形态批判》，《思想理论研究》2019 年第 10 期。

〔法〕米歇尔·德赛图：《日常生活实践》，载陆扬、王毅选编《大众文化研究》，上海三联书店，2001。

赵汇、杨超然：《文化消费主义对青年价值观的影响与引导》，《中国特色社会主义研究》2017 年第 4 期。

陈治：《消费主义文化视域下对体育新闻报道的审视与反思》，《山东体育学院学报》2010 年第 10 期，第 26~31 页。

孔扬、姜大云：《历史唯物主义与历史目的论的真实关系——从马克思对"异化"范畴的三次运用来看》，《长白学刊》2013 年第 1 期，第 36~37 页。

解国粹：《消费主义文化背景下大众传媒与女子体育的关系探究》，《河北体育学院学报》2014 年第 6 期，第 37~40 页。

仰义方、谭雪敏：《文化消费主义的表现形式、生成机理及其纠正进路》，《思想教育研究》2021 年第 2 期。

孙建茵、冯引：《鲍曼消费主义文化批判思想探析》，《苏州大学学报》（哲学社会科学版）2020 年第 4 期。

〔意〕R. 贝洛菲尔，T. R. 瑞瓦：《新马克思阅读——复归政治经济学批判于社会批判之中》，《马克思主义与现实》，2015 年第 6 期。

〔美〕弗雷德里克·杰姆逊：《晚期马克思主义——阿多诺，或辩证法的韧性》，李永红译，南京大学出版社，2008。

郭晓冉：《文化消费主义对美好精神生活的危害与应对》，《新疆社会科学》2020 年第 4 期。

朱其锋：《文化消费主义思潮影响下我国主流文化的认同》，《思想教育研究》2020 年第 6 期。

张为民：《消费主义文化视角下的体育功能转型》，《体育文化导刊》2017 年第 1 期，第 16~18 页。

刘阳、许万林：《消费主义视域下全民健身体育发展研究》，《体育文化导刊》2016 年第 5 期，第 143~146。

任鹏、丁欣烨：《文化消费主义思潮对当代青年学生价值观念的消极影响及其应对》，《思想教育研究》2018 年第 4 期。

Hrsg. von Hans - Georg Backhaus, F. Eberle usw. Gesellschaft, Beiträge zur Marxschen Theorie. Folge 1, Frankfurt a. M: Suhrkamp, 1974, 7.

Patterns and Mechanisms: Exploring Sports Culture Consumerism

Zou Qinghai   Dong Yu   Peng Wanjun   Lu Zaishui   Cai Xiao

Abstract: Sports culture consumerism is based on the multiplication of sports consumerism in the field of sports culture under the social trend of the new times, which is gradually penetrating into people's daily life at this stage. The former highlights the integration of sports consumerism ideology into social life with sports culture mechanism, while the latter highlights the vulgarization, commercialization and industrialization of sports culture, etc. Its necessary to be alert to the phenomenon of sports culture consumerism intermingled with Sport Rice Circle Culture. Psychological manipulation, capital circulation and communication mechanism are the three major mechanisms of action of sports culture consumerism, which adversely affects consumers' sports culture life in terms of sports culture spiritual needs, consumption psychology and consumption atmosphere. Therefore, it is necessary to take the initiative to strengthen the invisible and visible hand of the state to guide the capital of sports culture market and regulate sports culture; to guide the rational cultivation of consumption concept to meet the needs of better spiritual life; and to construct a healthy sports culture consumption atmosphere with the value traction of media communication output.

Keywords: Sports Culture; Consumerism; Realistic State

运动员精神的历史沿革与当代展现[*]

张琪　龚正伟[**]

【摘　　要】运动员精神是与体育运动相伴相生的重要组成部分和文化内涵。本文运用历史与逻辑相统一的方法，研究运动员精神的历史沿革与当代表现。通过分析古希腊时期、中世纪、近代"三大运动"对体育运动的影响，梳理了运动员精神的发展理路和时代特征。结论认为，当代运动员精神由内涵体系和表现形式两个部分共同构成。内涵体系主要包括追求卓越、努力争胜、公平竞争、人的身体存在、利他、体育审美六个方面。运动员精神的表现形式已经超越了作为单纯的体育活动的行为准则，对社会而言，更为重要的是其已经成为深入人心的社会交往行为规范。

【关 键 词】运动员精神；体育运动；现代体育

引　言

运动员精神是与体育运动相伴相生的重要组成部分和文化内涵。当前我国体育界和教育界对运动员精神的理解和认知还存在偏差，而这恰恰使当前国内体育改革的乱象丛生。基于此，本文将沿着体育运动发展的脉络，从历史和逻辑的角

* 本文系国家社会科学基金项目"大国体育道德责任研究"（项目编号：12&TYB001）的阶段性研究成果。

** 张琪，博士，上海体育学院体育教育学院副教授，硕士生导师，研究方向为体育哲学、体育文化；龚正伟，博士，上海体育学院马克思主义学院教授，博士生导师，研究方向为体育伦理。

度回答运动员精神的诞生、发展和变迁。最后，通过当代体育运动的定位和社会背景，构建当代运动员精神的内涵体系和表现形式。

一　运动员精神的内涵

（一）何谓运动员精神

运动员精神（sportsmanship），是伴随着体育运动现象而出现的一类特殊的文化现象，这种现象以人作为运行基础，以体育运动情境作为外部环境、以意识和观念的形式作为载体、以外显的行为作为最终的结果展现。[1][2][3] 尽管"sportsmanship"一词直到 1745 年才被单独使用，但是运动员精神却在被定义以前便长期存在了，并且时至今日仍在不断演进。运动员精神作为词语被独立使用后，它的内涵仍然经历了非常巨大的变化，甚至不同项目之间对运动员精神内涵的解读也存在差异。[4] "sportsmanship"最初特指运动技能高超的运动员，19 世纪末"伦理化"的解读确立了运动员精神在当代的道德内涵，其中包含关于公平、公正、他者、政治家等元素的道德信条。如果研究就此止步，则难免流于语义解释的平庸，特别是对于发掘被定义之前的运动员精神，是毫无实际意义的。因此，拙文研究的运动员精神则是在当前"伦理化"解读的框架下，追溯到与体育运动相伴相生的具备道德属性的运动员精神。

（二）运动员精神的价值

研究运动员精神的价值应当立足体育运动对人之存在、人之发展和人之超越等方面的作用和意义。运动员精神作为体育运动参与的个体，其作用应当涵盖自我与自然、自我与本我、自我与他者之间的相互关系，即要着重解决人在面对生存问题、交往问题、个体和整体的发展问题之间的矛盾。因此，运动员精神的研

---

① Diana Abad，"Sportsmanship，" *Sport，Ethics and Philosophy*，2010.4（1）：27-41.

② Tamba Nlandu，"Play Until the Whistle Blows：Sportsmanship as the Outcome of Thirdness，" *Journal of the Philosophy of Sport*，2008，35：73-89.

③ William Lad Sessions，"Sportsmanship as Honor，" *Journal of the Philosophy of Sport*，2004，31：47-29.

④ 雷萍：《伦理、政治和体育家精神：19 世纪英国体育精神的伦理释疑》，《中国体育科技》2015 年第 3 期，第 121~128 页。

究与当前的体育参与观、获胜观、体育现象的存在意义、青少年体育德育的内容和效果等现实问题存在着不可分割的密切关系。当前，我们对于运动员精神的认知是浅薄且流于形式的，而这恰恰消解了数千年来体育运动对人和人类发展所特有的积极作用。因此，对于运动员精神的研究不仅是恢复现代体育对人类发展意义的关键，还是整治当前我国诸多体育乱象的现实需要。

二 运动员精神的历史沿革

运动员精神与体育运动相伴相生，因此对其历史发展的研究则以古希腊时期的体育活动作为时间起点，进入中世纪后，在教会和城邦的相互作用下曲折发展，近代"三大运动"的改良促进了运动员精神的现代化。

（一）古希腊时期的城邦和敬神形成了最初的运动员精神

古希腊时期的运动员精神是与竞技运动、日常生活、宗教仪式息息相关的行为规范，它不仅引导着古代奥运会赛场上运动员的竞技行为，还通过观念和道德的力量渗透到人们的日常生活当中，并且通过教育（特别是身体的教育）周而复始地代代相传。这一时期的运动员精神崇尚对身体的展示、敬神以及阶层区分的作用[①]，其主要在古希腊男性公民群体中广泛传播。

展示身体之美是古希腊体育赋予运动员精神最为基本的要素之一。在这一时期，身体训练的重要程度甚至比肩智力教育。良好的身体形象意味着锻炼者拥有健康的身体和强健的体魄，而健康的身体恰恰是良好智力和优秀道德的现实载体。这些观念能够在关于古代奥运会的记载中得到进一步证实。参加古代奥运会的运动员，皆是赤身裸体地出现在竞技场上。通过坚持锻炼换来的异于常人的健硕体格，展示着男性的身体之美。雕塑《掷铁饼者》和《掷标枪者》，皆以赤身裸体的男性角色展示着运动带来的身体之美。崇尚身体之美的运动员精神源于古希腊人民对身体的崇拜，《自杀的高卢人》和《断臂维纳斯》雕塑都很好地表达了古希腊人对于健硕身体的追求和崇拜。大量遗留至今的古希腊雕像和壁画无不以发达的肌肉和流畅的身体曲线表达着作者各自的创作意图，其中又以古希腊诸

神的健硕形象为代表。然而恰恰是这个时期诞生的诸多运动会，使得古希腊人民对身体之美的崇拜寻找到了合理的持续发展的机会。因为，提前备战定期举行的大型运动会，既是合理的行为，也是每个公民义不容辞的责任。这份责任的产生则与运动员精神的另外两个内涵息息相关。

敬神是古希腊时期运动员精神的第二个重要元素。这一时期的体育运动与宗教活动关系密切。哈里斯（Harris）认为，古希腊体育与宗教活动的结合是由古希腊的社会特征所造就的，就像美国十二月的节日庆祝与"超级碗"的结合一样。[①] 众所周知，古希腊神明具有的独特性特征是它们皆有着具体的人化形象和生活化的故事，这使敬神变得不同。公民的敬神活动产生两种倾向：一是力图验证敬神活动的灵验；二是对神的追随和超越。[②] 泛古希腊每个地区的运动会都被作为仪式祭拜各自的神明，如奥林匹亚竞技会和尼密阿竞技会祭拜的是宙斯，皮提翁竞技会祭拜的是阿波罗，柯林斯地峡竞技会祭拜的是波塞冬。[③] 竞技者们赛前祭拜神明，祈求在运动会中取得优异成绩，而接下来的竞技比赛就成了验证神明有效与否的测试。这种行为甚至流传到了美国早期的职业棒球比赛中：比赛开场前由专门的牧师进行祷告，而一旦球队战绩跌入谷底，经理选择开除的是牧师而非教练。体育运动在敬神活动中的另一个目的是通过对身体的锻炼谋求对神明的追随和超越。古希腊神明异于常人的能力在于传说中的永生和拥有的特殊能力，而这种特殊能力恰恰能够通过训练，以超越普通人身体能力的运动表现予以重现。人们认为，比赛中的更好成绩实质上反映了愈加强大的身体能力，而正是这种身体能力使得运动员拥有了近乎于神的地位和荣耀。由此，借助展示身体之美的敬神成为运动员精神的第二个元素。

阶级优越性是古希腊时期运动员精神的第三个重要元素，阶级划分和展现优越性的前提是对于个人竞技项目的极致推崇，如摔跤、跑步、游泳等。众所周知，古代奥运会是只允许公民参加的竞技活动，这部分人主要代表了城邦中的社会精英和贵族阶层等自由人士，而女性、儿童和奴隶便被排除在外。据统计，一

---

① Harris, H. A., *Sport in Greece and Rome*, Ithaca, N. Y.: Cornell University Press, 1972: 16.

② Rogers, R., "Early History of the Olympic Games," *The Athletic Journal*, 4 (8), pp. 36–40, April, 1924: 37.

③ 〔德〕沃尔夫冈·贝林格：《运动通史：从古希腊罗马到21世纪》，丁娜译，北京大学出版社，2015。

些城邦中的奴隶甚至占到总人口数的 70%。① 由此可见，能够参加类似的竞技活动，对于运动员而言已经是财富、社会地位、声望等阶级因素的最好体现。运动员的阶级特权在卡莉帕捷莉娅身上展现得淋漓尽致：公元前 396 年第 96 届奥运会上，卡莉帕捷莉娅混入教练席观看儿子的拳击比赛，赛后由于庆祝时暴露女性身份而被逮捕判处死刑。幸运的是，由于她的儿子成功夺冠，加之其父迪亚格拉斯曾获得第 79 届古代奥运会拳击冠军，卡莉帕捷莉娅才得以免除死刑。② 由此可见，竞技者的阶级特权不仅在他们参与比赛时就已经建立起来，更是在其获得冠军后得到强化，甚至超越了法律和统治者的制裁，成为更强意义上的“自由”人士。由于资源的有限性决定了“自由”在少数公民群体中也只能是一种相对的存在。当竞技者面对上层的神明、中层的统治者和下层的竞争对手时，用以限制无限自由的普遍性规则——伦理信念，便随之建立起来。公元前 594 年，伊利亚伊人通过派出使节，逐步确立起由专人确保比赛公平的传统。正是公平竞争观念的普及，使得冠军头衔的意义陡增，并使冠军获得了更高的荣誉和更多的物质奖励。荷马史诗《奥德赛》和《伊利亚特》中描述，勇士们的取胜不仅仅是武力上的征服，更进一步的是在智慧和德行统摄下的全面征服。公平竞争作为古希腊特有的价值观念，不仅促进了竞技体育运动持续繁荣，还深刻影响了后世的政治、法律和经济竞争。

（二）中世纪运动员精神在教会和城邦的共同影响下曲折发展

骑士阶段的体育活动沿袭了古希腊时期的规则意识和公平竞争信念。这一时期的体育活动主要是以单人项目为主，其主要在于强化身体能力（身体运动）、为战争做准备（军事体育形式）和消遣闲暇时间。“骑士七艺”（骑马、游泳、击剑、投掷、狩猎、下棋、吟诗）是骑士体育的重要内容，年轻骑士要进行严格的身体训练以满足战争需要。“他们要学习骑马、击剑，练习武装和轻装跑步，跨越壕沟，翻越障碍，利用攻城梯或徒手攀登城墙。此外，他们还经常参加

① Segal, E., "It is Not Strength, but Art, Obtains the Prize," *The Yale Review*, LVI (4), pp. 606-608, June 1967.
② 《古代奥运会上最幸运的妇女　儿子夺冠母亲险处死》，http：//2008. sohu. com/20080121/n254779570. shtml，2008-01-21。

游泳、武装泅渡和打猎活动"。① 君王和教会对骑士阶层的期许与改造，使得这一时期的体育活动不仅沿袭了古希腊体育的特点，还附加了正义、优雅、英勇、忠诚的道德使命。埃德加·普雷斯蒂奇（Edgar Prestage）认为，骑士最初表示重装骑兵，但在中世纪后期也表示整个骑士制度，包括骑士特有的宗教意识、道德观念和社会行为标准。② 莫里斯·肯恩（Maurice Keen）认为，骑士精神（chivalry）是一种时代精神，其中混合着尚武、高贵、基督教化的因素。③ 骑士精神影响下的运动员精神，强化了竞技者的忠诚和责任，在责任的基础上倡导利他精神，并且以追随荣誉（正派的）作为自身的道德追求。

在骑士精神的影响下，运动员精神首先强化了身份的独特性，继而衍生出忠诚的责任内涵。受到教会和政治势力的共同影响，骑士精神继承了古希腊公民制度的身份特性。据1668年的英格兰家庭统计，区域内仅有各类骑士600名。④ 骑士的身份仅能通过立下战功和世袭获得。在这种历史背景下，成为一名骑士就显得无比荣耀，而若是能以骑士的身份加入当时的体育活动，则更加能体现骑士和自身阶级特权。这时期，有利于军事目的的马术、体操、击剑、射箭、军事比武等项目成为主流的体育活动。骑士时代，将发源于古希腊公民制度的身份特性进一步强化和集中，体育阶级属性的明显化趋势一直延续到新兴资产阶级走上历史舞台。随着教会更多地将人们吸收到农业生产的制度中，骑士就成为保卫教会和封建统治势力的军事力量。教会以上帝之名赋予骑士名誉和使其行为正当化，骑士阶层则顺理成章地肩负起保卫教会，甚至是实现宗教意志的责任。教会规定："你要忠于自己的领主并认真履行封建义务，只要它不与上帝的律法相违背。"⑤ 苏里特里主教伯尼佐在《基督徒生活手册》中更是强调："一名骑士必须准备为保护他的领主而死，为国家战斗而死！"⑥ 由身份衍生的忠诚与责任，在任何时期的竞技场上都是金科玉律般的存在。现今美国职业体育联盟运动员依然信奉着

---

① 颜绍泸：《体育运动史》，人民体育出版社，1990。
② Edga Prestage，*Chivalry：A Series of Studies to Illustrate Its Historical Significance and Civilizing Influence*，New York，1928：2.
③ Maurice Keen，*Chivalry*，New Haven-London：Yale University Press，1984：6.
④ 伍娅：《试论英国的骑士制度》，华东师范大学硕士学位论文，2006。
⑤ L. Gautier，*Chivalry*，London：Phoenix House，1965：26.
⑥ 张慧：《论中世纪教会对骑士精神的培养》，《首都师范大学学报》（社会科学版）2012年第1期，第24~29页。

忠诚的原则。这种表现具体体现在对于家乡球队的极力回馈，以及被交易后背负责任地各待其主。

利他是骑士精神赋予运动员精神的新鲜内涵。利他意识的出现要归结于教会对骑士阶层文明化的改造。骑士的授衔誓词中写道："你将遵循骑士规则……守卫教会，保护人民，救助弱寡孤独……①"利他思想的盛行与骑士的忠诚一道，共同促成了骑士在保卫国家、守护教会、帮扶弱者和关照妇女等方面的男子气概。②《骑士规则全书》中写道："骑士的使命就是做穷人的保护者，这样富人就不会伤害穷人；骑士的使命就是救济弱者，这样强者就不会欺压他们。""每一位绅士，每一位骑士，都有义务陪伴弱者，这样就不会有人去骚扰他、攻击他，他因骑士的庇护而拥有崇高的勇气。"③骑士在日常生活中也会实践利他行为。骑士战马比武时，当其中一方摔下马，根据俗规，优势方不得趁机攻击落马的对手。这是典型的在利他行为的基础上追求公平竞争的道德行为。利他的运动员精神要求竞争者除了关注自身比赛情况外，还要关心同场竞技的队友、对手的状况，同时在公平竞争和人道主义的引导下，利他的竞技行为会使运动员打破零和游戏的樊篱，转向筑造所有参与者的共同成就，即多赢（win-win）的竞技场面。为人熟知的是，足球场上对方球员受伤后本方球员会有将球踢出界外的习惯，这便是骑士精神影响下的利他行为。环法比赛中，阿姆斯特朗曾两次等待冲出赛道的对手乌尔里希重返赛场，继而重新展开对赛段冠军的争夺，这同样是为人所崇尚的运动员利他行为。与之相比，阿德里亚诺的不道德进球、故意摔倒谋求重赛的辛德斯，都与利他主义形成鲜明对比。失范的行为使违背这项运动员精神的竞技者受到了体育道德舆论的谴责，同时通过案例讨论还强化了公众对于利他性的运动员精神的理解和追求。

荣誉是骑士精神赋予运动员精神的另一重要内涵。骑士荣誉最初来源于为城邦和教会英勇作战带来的声望。通过独特的身份和显赫的战功，骑士进入中世纪欧洲社会的士绅阶层。社会地位和身份的变化，加之教会对骑士的主动改造，使其更多地表现出高尚和优雅。《骑士规则全书》描述道："你应谦卑，重然诺，

---

① 张鹏：《论骑士体育的功能演变与历史价值》，曲阜师范大学硕士学位论文，2013。

② Nicolaas J., "Moolenijzer, Our Legacy from the Middle Ages", *Quest*, 2012 (8): 32-43.

③ Rol Temple House, *L'Ordene de Chevalerie: an Old French Poem*, Nabu Press, 2013: 23.

英勇战斗，行侠仗义，履行职责。为贵妇人的爱比武，赢得荣誉，免遭谴责。"①
战争带来的荣誉承袭了古希腊时期代表城邦参加竞技活动的传统，骑士借上帝之
名的十字军东征集中体现了在正义、惩强扶弱等观念下的自我存在。肩负国家使
命的荣誉，在当今仍然是运动员重要的政治使命。每当为国出征和赛场上国旗升
起时，都是运动员个人成就与国家荣誉的契合。尽管这在一定程度上催生了急功
近利和欺骗的不道德竞技行为，但是事实恰恰从失范成本分析的过程中强化了荣
誉对于现代运动员的积极作用。随着职业军人的出现，骑士逐渐失去了其原本的
军事价值。为了继续活跃于国家和社会生活中，骑士逐渐演变成公共生活领域的
象征性存在。骑士们身着盛装，在盛大的场合中，通过特殊的表演展示英勇、正
义的精神存在。② 自此，骑士的意义从骁勇善战逐渐转变为优雅、正派、英勇等
为人崇尚的道德楷模，而且直接促成了后来"绅士精神"的形成。运动员精神
更多地受到了这种高标准道德的约束。现代体育俨然成为道德理想实践的绝佳场
所。阿德里亚诺因不道德进球被禁赛和受到谴责的案例，就是现代体育追求道德
信念的最好例证。

（三）"三大运动"促进了运动员精神的现代化

1. 绅士精神的兴起

绅士精神和骑士遗风确立了当代运动员精神的内涵。1745 年，"sportsmanship"
被作为单词首次使用，是特指具有高超运动技能的竞技者。由于中世纪一方面禁
止百姓的体育活动，另一方面又倡导骑士通过体育活动强化作战能力，这就使运
动员精神指向了人数稀少的骑士阶层，加之骑士阶层高尚的道德情操，因此运动
员精神就被赋予了较高道德修养的内涵。如前文所述，骑士阶层伴随着社会结构
的变迁逐渐消亡，但是骑士精神的内涵在历经宗教改革和思想启蒙运动之后，被
注入绅士阶层之中。"绅士"源于 17 世纪中叶的西欧，由充满侠气与英雄气概
的"骑士"发展而来，后在英国盛行并发展到极致，绅士风度既是英国民族文
化的外化，又是英国社会各阶层在看齐上流社会的过程中，以贵族精神为基础，
掺杂了各阶层某些价值观念融合而成的一种全新的社会文化，③ 倡导传统文化与

---

① W. M Miller, "The Decline of Chivalry by R. L. Kilgour," *The French Review*, 1938（6）：505-506.
② 侯建新：《英国的骑士、乡绅和绅士都不是贵族》，《历史教学》1988 年第 3 期，第 32~35 页。
③ 侯建新：《英国的骑士、乡绅和绅士都不是贵族》，《历史教学》1988 年第 3 期。

自我存在的价值观，追求品位与人性化的生活方式。绅士精神倡导的正派、体面、优雅、内涵与运动员精神在道德层面对竞技者的要求高度一致，骑士体育的遗风和绅士阶层人员的构成，共同促进了运动员精神被注入绅士精神。卡期蒂格利奥（Castilgione）认为，成为绅士最重要的是从出生到进入社会之间的教育过程。绅士不仅意味着深谙道德规则，同时还要有良好的个人形象和独到的社会交往技巧。[①] 健壮的身体、适宜的着装、恰当的交往技巧以及表现出的礼貌、谦逊等品质，造就了绅士在欧洲社会的特殊地位。绅士的精神诉求在后骑士时代的运动项目改良中得以体现，旧式的"骑士七艺"在剔除军事性用途后被简化为骑术、击剑、跳舞、拳击等内容。通过对旧式运动去军事化、去宗教化和去野蛮化的改造后，参与体育运动逐步成为诸多教育家视域中绅士教育的重要手段。

2. 公学的发展

公学制度的建立成为实践运动员精神的最佳途径。工业革命时期，运动员精神被赋予了诸多积极的伦理内涵。运动员精神代表的道德内涵已经成为社会各个阶层十分向往的正义所在，同时运动员精神在公学的教育实践作用下得到了强化。与以往体育活动不同的是，组织化的游戏（organized game）被作为教育手段广泛采用。新运动项目不仅能提高学生的审题能力，还能在运动过程中培养学生的社会交往能力和正义精神，以及培养男孩的男子气概。[②] 但是 600 余人的骑士规模，使其仍然是在小众团体内传播。登上历史舞台的新兴资产阶级在扩大了士绅阶层的同时，其子女的教育问题成为摆在教育家面前的棘手问题。此时面临的不仅是教授何种思想内容，还有前无古人地面对了如此庞大的学生规模。一时间，公学（public school）成为培养新时期士绅阶层的有效场所。据 1952 年相关统计数据，大约有 87% 的将军、83% 的主教、67% 的高级官吏、82% 的殖民地总督、85% 的法官、95% 的高级外交官和 88% 的大使，都曾在公学学习过。[③] 第一，学生的身份观念重新确立。公学代表英国新兴贵族和资产阶级的意愿，生源方面，高昂的学费粗暴地拒绝了普通百姓的后代，家庭背景审查屏蔽了不同意识形态对年轻人的干扰。由此，能够进入公学学习，便已经是社会选择的结果。伊顿公学倡导的校服制度，更是在服装符号的统摄下强化了身份的作用，给予学生极

---

① Baldesar Castilgione, *The Book of the Courtier*, W. W. Norton：2002.

② Haley, B., *The Healthy Body and Victorian Culture*, Harvard University Press, 2013：155-165.

③ 《中国大百科全书·教育卷》，中国大百科全书出版社，1985。

其强烈的身份优越感。现代足球 11 人制度的由来，便是起源于学校的宿舍制度。每当学生代表宿舍、年级或学校进入足球场时，有如古希腊竞技者代表城邦参加竞技会，亦如现代运动员代表国家登上奥运会的赛场。[①] 身份及其背后附加的荣誉和责任，自始至终贯穿体育运动的发展，也成为运动员精神最为核心的内涵。第二，公学广泛开展的体育活动继承了古希腊和中世纪时期重视身体的传统。教育学家洛克继承了古希腊"健全之精神寓于健全之身体"的思想，将体育作为培养绅士的重要课程。他认为："健康是对于人世幸福的一种简短而充分的描述。凡是身体、精神都健康的人就不必再有什么别的奢望了；身体、精神有一方面不健康的人，即使得到了别的种种，也是徒然的。"[②] 除此之外，埃利奥特、克莱德、皮卡姆、培根等教育家，都极力推崇体育在促进健康和塑造人格方面的优势。第三，公学普遍开展的体育课程成为培养运动员精神的有效手段。追求道德情操乃是公学教育的一贯宗旨，在这种背景下开展的公学体育活动也呈现出道德属性的特征。尽管英式足球和英式橄榄球有着强烈的身体对抗，但是崇尚竞技道德的学生却羞于取得不正当竞争优势，甚至在当时看来，犯规也属于不道德竞争的范畴。统计数据显示，英国球队在比赛中的犯规次数会明显少于南美球队，而且鲜有恶意犯规的状况发生。[③] 与此同时，随着印刷术在欧洲的流行，运动规则得以借助传播手段的革新被广泛地传递和接纳。规则意识伴随着体育运动的传播被建立起来，广泛的受众使得这种意识比封建礼制更加深入人心。接下来，崇尚道德和规则意识直接促成了公平竞争精神的确立，而公平竞争的精神恰恰又反哺了宗教改革、思想启蒙运动中所倡导的平权。最后，由规则、裁判、公平等浪漫主义道德元素推演出现代社会的自然主义契约精神。正如惠灵顿公爵战胜拿破仑将军时的名言："滑铁卢的胜利早在伊顿公学的操场上就决定了。"

诚然，公学制度在极大程度上促进了运动员精神的传递，但是，无论骑士领主或者士绅阶层都是当时社会的小众群体。带着全民敬仰的神圣光环，运动员精神真正得以在西方国家广泛传播是在运动员精神生活化之后，在日常生活中找寻到实践和传播的现实情境。

---

① Girouard, M., *The Return to Camelot: Chivalry and the English Gentlemen*, New Haven: Yale University Press, 1981: 172.

② 〔英〕约翰·洛克：《教育漫话》，傅任敢译，教育科学出版社，1992。

③ 李琳：《现代体育兴起于英国原因之探析——兼论体育史教材》，华东师范大学硕士学位论文，2011。

3. 运动员精神的生活化

运动员精神的生活化和随之而来的广泛传播，主要归结于宗教改革和生产方式变革的体育运动的流行。经历宗教改革之后，教会不再强行抑制体育活动的开展，同时由于身体观的转变，转而倡导积极有序的体育活动。Kingsley 在小说《两年后》中使用了"强身派基督教"（muscular christianity）一词，用以陈述对"健康"（healthfulness）的理解。"健康"被解释为由精神健康和身体健康共同组成。体育作为教育的特殊存在，不仅能够有效提高身体素质，还被诸多社会精英冠以"培养道德情操的最佳手段"之名。特别是对于青少年而言，体育能够促进其男子汉气概的养成，而这恰是其他方法难以做到的。身体观的解禁为体育的流行做好了铺垫，而教会对竞争的默许才是使运动员精神得以广泛传播的重要转折，教会不仅放开了体育活动，还希冀借助体育的手段培养教众的多种美德，以期在教化教民的基础上维护教会生命。[1] 由于竞争的广泛存在，配合公学教育对上层阶级倡导的荣誉、规则、身体、公平竞争、契约等观念，一种广泛存在的运动员精神被逐步建立起来。一时间，草地网球、足球、羽毛球等运动兴起，不仅为士绅阶层，也为下层群众提供了习得和展示运动员精神的场景。然而，运动员精神生活化的最好佐证莫过于民众在数次重大事件中的表现。一方面，公众是反映生活化广度的最好指标；另一方面，公众表现的合规性则展现了运动员精神生活化的深度。

四　当代运动员精神的具体表现

（一）当代运动员精神的内涵特征

追求卓越的精神是指运动员在比赛过程中力图不断超越自我的参赛追求，它涉及体育比赛的游戏性特征。这个特征是指参加者设定一个游戏性目标，并且人为地设置众多非必要的障碍，参加体育活动就是通过自身的努力跨越这些预设的非必要障碍最终达到预设目标的过程。[2] 例如，跳高比赛就是以设置高度为标准

---

[1]　Haley, B., *The Healthy Body and Victorian Culture*, Cambridge: Harvard University Press, 2013: 140.

[2]　Morgan W. J., *Philosophic Inquiry in Sport*, Human Kinetics Press, 1995: 8-15.

的障碍并且以不断跨越它为目标的游戏；跳水比赛就是设置动作难度和完成度为标准的障碍并且以不断跨越它为目标的游戏；羽毛球比赛就是设置场地和规则因素的障碍并且以不断跨越它为目标的游戏；橄榄球比赛就是设置得失分的标准在攻守双方相互作用下力图通过运动能力取得竞争优势的游戏。回顾运动员精神的演变，追求卓越是每个时期最为基本的组成要素。无论是与他人竞技的对抗型项目，还是着重完成质量的运动项目，追求卓越的精神都贯穿始末，只是在不同的时期表现为与他人或与自我表现的比较。这成为现代奥运理念中自我超越的精神来源。无论在社会生活中，还是在比赛场上，竞争与比赛最为重要的是对自我的超越和对"预设标准"的克服。倘若以工具主义视角将卓越的内涵诠释为击败对手，除了势均力敌的情况以外，屠弱的对手会导致自我的不思进取，过于强大的对手则会不假思索地放弃竞争，而这恰恰违背了体育比赛的根本精神，也使得原本充满悬念的体育比赛变成了结果预设的表演。追求卓越是运动员精神和现代体育最为基本的构成要素，倘若缺乏则会导致现代体育及其附加精神的无效化和虚假。

努力争胜的精神是现代运动员精神的重要内涵，是运动员在竞赛过程中通过追求卓越的竞技行为，在公平竞争的框架下，努力赢得比赛的精神。努力争胜的信念与追求卓越的运动表现息息相关，仅是对于冠军的观念略有差异。古代奥运会的奖励仅仅是月桂花环和数量有限的奖品，推动夺冠的动力是荣誉、道德优越感、卓越、美的象征等的追求。克雷奇马尔（Kretchmar）认为，现代竞技活动需要统一的评判标准来决定成败，成功与否成为衡量竞技能否参与的准则。[①] 尽管当今在跑步类项目中仍然奉行完赛是努力争胜的表现，但是许多项目中夺冠已经取代了身体运动本源的乐趣所在。唯冠军论的思想甚至冲击了运动员精神的道德优越感和人在体育参与过程中由自我实现带来的乐趣。诚然，努力争胜确实可以促进运动员不断追求卓越，但是过度的唯冠军论却将道德的运动员精神推向唯物质论的对立面，并且间接否认了运动员精神的道德属性和体育活动对道德情操养成的重要作用。

公平竞争的精神是伴随着体育作为交往手段的存在而出现的，体育作为一种

---

① Kretchmar, R. S., "Meeting the Opposition: Buber's 'Will' and 'Grace' in Sport," *Quest*, 1975 (24): 19-27.

交互性的社会参与而言，公平就是所有的参与者投身其中共同完成体育目标的基石。戴安娜·阿尔德（Diana Abad）教授认为，体育中的平等精神先验于体育本身的存在，比赛开始前，所有潜在的可能导致不公平竞争的因素都应该被纠正。平等原则为竞赛者提供了平均、均等的竞赛环境，竞赛者置身于平等的环境中通过外显的、可测量的运动表现，用以反映竞赛者自身差异性的竞技能力，此即为运动场上表现出的公平精神。例如，现代田径短跑项目中，去除风速影响的计量方法就是公平和平等精神的具体表现。公平竞争的精神更多地体现在规则之后的比赛情境中。古罗马法学家乌尔比安认为，公平就是使每个人获得其应得到的东西的永恒不变的意志。麦金太尔指出："公平就是平等的利害相交换的善的行为，是平等利害交换的善行；不公平就是不平等的利害相交换的恶行。"[1] 无论是社会生活还是体育比赛中，公平竞争总是意味着各方依照相同规则的规制进入同一个竞争的情境，再由裁判员根据各方自身的竞技表现判断行为的善恶。仲裁者对于行为善恶属性的判断，首先要遵从相同的评价体系，其次要保证对于善恶行为做出有效反应，最后要保证对于善恶的奖罚对应关系，即质和量的双重评价。以 NBA 的规则体系为例，对规则的违犯分为违例、普通犯规、技术犯规和两级恶意犯规，不同程度的违犯则会带来区分性的判罚，这是以运动行为为基础的公平竞争的案例。另外，球类运动中的"平衡哨"（make up call）也是公平精神的体现：当裁判员意识到遗漏或错判重要的比赛片段时，在接下来的比赛中采取补偿式判罚的方法。尽管两起判罚的价值不可覆盖，但是根据亚里士多德"补偿性正义"的诠释，裁判员则应当在适当的时机行使自由裁量权给予刚才被侵运动员补偿性判罚。值得一提的是，实际操作中，裁判员行使自由裁量权进行的补偿性判罚往往能够得到运动员和教练员的默许。[2]

身体性是人之存在的基础和载体，恰恰是体育活动对身体能力的极高要求，强调了身体在各个时代的重要意义，同时由于体育活动对身体能力的积极作用又使身体性促进了体育的蓬勃发展。如前文所述，无论是教育还是以娱乐为目的的体育活动，人的身体存在都是开展体育活动的基础。身心的一元论和二元论尽管在身心的第一性上存在分歧，但是二者对于身体在哲学层面上的认识从未舍弃其

---

① 〔美〕A. 麦金太尔：《德性之后》，龚群、戴扬毅等译，中国社会科学出版社，1995。

② Hamilton M., "The moral ambiguity of the makeup' call," *Journal of philosophy of sport*, 2011（38）：212-228.

存在和有用的前提。"健全之精神寓于健全之身体"的思想自古希腊传承至今，反映了身体的现实存在和精神载体的重要意义。与此同时，运动员精神蕴含的身体观是对身体解放带来的身体无用论、性向异常、器官买卖等不良思想的有力回击。

利他是运动员精神推崇的高尚交往行为。利他行为最早由社会学家孔德提出，代指一个人对其他人的无私行为。此后，关于利他行为的研究常见于伦理学、社会学、心理学乃至生物学的领域。巴尔-塔尔认为利他主义包括五个方面的内涵：第一，必须对他人有利；第二，必须是自愿的行为；第三，必须是有意识且有明确目的；第四，所获得利益必须是行为本身；第五，不期望有任何精神和物质的奖赏。[①] 伦理学范畴中的利他主义是一种高尚的道德品质，[②] 其依赖于对其他个人之实在性的充分认识，目前主流的评价标准采用动机和结果相结合的方法。遵循着道德哲学的研究路线，运动员精神涵盖的利他行为主要分为三个层次：亲缘利他行为、互惠利他行为和纯粹利他行为。亲缘利他行为，顾名思义，即有血缘关系的生物个体，为自己的亲属做出某种牺牲。互惠利他行为是没有血缘关系的个体，为了回报而相互提供帮助。互惠利他行为最为著名的案例是自然契约的诞生，人们为了保护自己的竞争优势不被侵犯，故意让渡出既得利益建立共同的规则体系。体育竞赛的强者往往兼具竞争优势和话语权，由强者主导的规则体系看似限制了强者的竞技表现，实则是强者在主动让渡出有限的竞争优势的基础上维护剩余利益的互惠利他行为。互惠利他行为还更多地出现在比赛场上，足球比赛中队员受伤即主动将球踢出边线、篮球比赛中队员受伤即主动停止进攻，都在利他行为之后体现了人文关怀。球员们的利他行为看似放弃了竞争优势，实则是使自己受到同样的人道关怀，这甚至与生物学家威尔金森（Wilkinson）的蝙蝠互助授血实验[③]表达出高度一致的利他属性。纯粹利他行为，即没有血缘关系的个体在主观上不追求任何物质回报的情况下采取的利他行为。纯粹利他行为是最为高尚的道德行为，其广泛存在于各个时期的体育活动中。古希腊最早的师徒关系中，成年运动员跨越亲族、礼仪的樊篱，义务地向年轻运动员传授竞技技艺，是最早的关于运动员纯粹利他行为的记载。美国著名棒球运动

---

① Bar-Tal. d. , "Altruistic motivation," *Humboldt Journal of Social Relation*, 1986（13）：3~14.

② 〔美〕T. 内格尔：《利他主义：直觉的问题》，万俊人译，《世界哲学》2005 年第 3 期，第 68~72 页。

③ 叶航：《利他行为的经济学解释》，《经济学家》2005 年第 3 期，第 22~29 页。

员贝利（Bell），甚至不求回报向宿敌球队的潜力新星传授击球技巧。Bell 因其无私的利他行为赢得了职棒联盟乃至美国主流社会的认可和赞扬。

体育美和审美的追求是运动员精神包含的又一道德要素，美是指能引起人们美感的客观事物的一种共同的本质属性。运动员精神统摄的体育审美具有审美的特殊性：其一，对运动员而言，体育审美是一种主体可以参与实践或体验的动态审美；其二，对观看者而言，体育审美是一种短时间内对一系列连续变化的身体运动进行审美欣赏的动态审美。[1] 对于健硕身体的崇拜，自古希腊至今，未曾消沉，甚至对众神的追随也演变成了对身体美的塑造，这成为运动者对具有社会价值和审美价值的健康美和身体美的展示。当体育活动进入组织化的阶段以后，运动员通过运动体验将体育审美推向新的高度，例如，跑步者高潮、流畅体验、克服障碍等运动行为展示了体育参与过程中生机勃勃的运动美和生命美。时至今日，在休闲之风重新袭来的社会背景下，以欣赏和休闲为目的的体育之美盛行。观众不仅希望观赏自然美、身体美、健康美，还希冀追求竞争之美。一方面，流畅的比赛成为竞赛美的首要表现，无论观众还是运动员都希望沉浸于流畅比赛获得的审美体验，而这种美感甚至影响了体育比赛对绝对正义的追求。网球比赛中设置次数有限的"挑战鹰眼"，是为了避免过度影响流畅比赛带来的审美体验。另一方面，体育审美带来的巨大经济收益促使运动行为和竞赛规程向着造就审美体验的方向发展。篮球运动员越来越多地依靠扣篮和三分远投得分、足球运动员进球后夸张的庆祝动作、赛程调整以期呈现更多势均力敌的比赛，都说明体育审美仍然且长期为万众所追随。运动员精神在体育不断发展和变化的过程中协调了体育审美与追求卓越、努力争胜、规则等的相互关系和价值排序。

（二）当代运动员精神的表现形式

作为体育活动的行为准则。运动员精神发源于体育运动，初期主要以约束体育参与者的运动行为为主要任务。"sportsmanship" 单词的后缀 "-ship" 最初用来形容运动员高超的运动技能，甚至曾与运动（sports）长期混用。我们发现，运动员精神的体现应当首先以优秀的运动表现和技能为基础，而后才渐渐转向道德内涵，这是由体育的特殊属性决定的。体育是体力和脑力高度结合的身体活

---

① 杜高山：《休闲时代下的体育审美初探》，《体育学刊》2015 年第 2 期，第 24~28 页。

动，其转瞬即逝的机会都要求参与者的反应、应变和处理突发事件的造性能力。运动技能形成的阶段，需要运动员投入大量精力和体力，在自身运动能力不断超越的过程中培养竞技者努力拼搏、忍耐、坚韧不拔的良好品性，而这难以用其他德育手段或去竞技化身体活动来替代。作为运动员精神门槛的运动技能，在其形成过程中同时培养了竞技者自我的良好品性。因此，高超的运动技能便确保了个人层面的运动员精神的形成，而这个过程也就赋予了体育道德内涵和德育培养功能。随着工业革命以来英国团队型体育项目的崛起，努力争胜和追求卓越的品质催生了人际交往层面的运动员精神。现代体育运动延续了自然主义游戏崇尚的自由和平等原则。在这两大原则的基础上，加之对运动表现的渴望，于是产生了规则和公平竞争的精神。而后作为广泛传播的体育精神，契约成为通过规则保障公平竞争的重要手段。借助体育参与周而复始的强化作用，最初指代运动技能的运动员精神最终发展成一个完备的道德内涵体系。运动员精神主要体现在"我与自我"、"人与他人"和"人与自然"三个层面。"我与自我"的层面强调个人方面的道德秉性，如追求卓越、坚韧不拔、个人美德、自我实现等。"人与他人"的层面又分为两个方向：其一，运动员与系统内运动员的关系；其二，运动员与系统外人员的关系。运动员与系统内运动员的关系强调通过外部手段保证人人之间的平等和自由，通过信奉契约、遵守规则、利他等表现最终实现隐含在平等和自由之后的公平竞争。公平的竞争使得体育比赛结果变得不可预测，并伴随着比赛过程产生紧张感和刺激感。这就为运动员与系统外人员的关系提炼出了努力争胜、尽其所能、呈现高水平竞争的道德内涵。"人与自然"的层面，通过体育运动的特殊性划定了人与自然的关系，二者在运动过程中的和谐相处表明了运动领域人与自然的共生关系。高楼林立的城市生活中，运动已然成为体验自然的重要途径。运动员精神形成于运动场，因为体育运动横跨多个社会部门的特性，使得运动员精神的内涵越发丰富。

作为社会交往的行为规范，运动员精神不仅铸就了体育在人类发展中的重要地位，还因其倡导的正义、公平、正派、优雅等道德精神被广泛运用于社会交往之中。体育，作为人类出现以来便与之相伴的社会活动，成为实现交往的目的与手段。法律、道德、宗教、习俗通过不同手段约束人们的日常行为，而体育运动恰巧跨越了四者的边界，成为在社会法律、运动规则、体育道德、社会道德、宗教、习俗等规制手段约束下的现实存在。竞技场嫣然成为各种社会交往规范相互作用和博弈的场所。正因如此，运动员精神自始至终受到社会公共道德正义内涵的影响，如身体观、公平、规则、合作等意识的出现，都与社会公共道德息息相关。运动员只有熟知多种社会交往规范的内涵，才能在运动场上展示得体的竞技行为。新西兰运动队开场前所跳的毛利战舞，也是当地习俗在现代竞技赛场的表现。同时，由于近代以前运动员精神始终处于社会精英群体的特殊文化，因此在很长一段时间内起到了引领大众观念的作用，而且运动员精神的内涵也随着时代的发展而改变。以身体观为例，从裸体到遮蔽，从自然形态到主动塑造，皆体现了主流身体观念的变迁，成为社会身体观在体育领域的具体表达。运动员精神在公学教育中的普及，使其影响了一大批的英国精英人士，甚至运动员精神一度与政治家精神交替使用。1874 年《体育公报》（*The Sporting Gazette*）的一篇关于首相格莱斯顿组阁的新闻写道："我们是否相信，对体育十分专心，而不关心政治，故作高傲，能用否定的目光蔑视热衷政治的体育家并没有多少。一般来说，我们相信狂热的体育家，也是最热衷于政治事务的政治家。……一旦选举战争结束，双方将齐聚狩猎场和赛马场，忘记因为党派斗争产生的敌对感情，而怀有共鸣和对彼此的关心。这里不会给政治倾轧留出余地。所以，我们将英国的体育当作政治党派斗争的解毒剂之一来珍视。"在充满竞争和博弈的经济、政治等领域，缺乏运动员精神经常被用来形容不正当竞争和缺乏道德感的唯利是图者。英国作家甚至一度将英国绅士比喻成一枚硬币，而运动员精神和政治家精神则为硬币的两面，由此可见，运动员精神在社会生活特别是政治生活中的重要性。甚至，运动员精神的用语作为隐喻进入法律领域、经济领域和公众社会生活等。完胜、全垒打、临门一脚、冲刺阶段、势均力敌，都是当前在各个领域常用的体育词语；而公平竞争则意味着承认规则、默许习惯、乐于在道德约束下遵从社会交往规范的规制。因此，运动员精神已经超越了运动场的时间和空间界限，在调节人与我、人与人、人与自然的关系中起到了独特的重要作用。

结　语

运动员精神作为现代体育文化内涵的重要组成部分，历经古希腊、中世纪、近代"三大运动"的影响，逐步形成了现代体育和现代社会共同倡导的思想体系。现代运动员精神的内涵体系主要包括：追求卓越、努力争胜、公平竞争、人的身体存在、利他、体育审美六个方面。这些积极的内涵诞生于运动场，而同时也服务了整个社会的良性发展。由此，当代的运动员精神在表现形式方面已经超越了作为单纯体育活动的行为准则，对于社会而言，更为重要的是，其已经成为深入人心的社会交往行为规范。本文通过历史和逻辑的线索梳理了运动员精神的发展历程，总结了当代运动员精神的内涵体系和表现形式。然而，对于解决开篇提出的当前体育实践乱象丛生的现实情况，如何运用本文的结论代替有失偏颇的公众认知，亦是解决问题的关键所在。

A Study on Connotations and Forms of Sportsmanship in Ancient and Modern Time

Zhang Qi   Gong Zhengwei

Abstract：Sportsmanship is a vital component of sports, and it is also a cultural connotation of sports. History and logic unifying research method and materialism research method are used in this article. This article mainly talk about the history and contemporary meaning of sportsmanship. In this research, the history and contemporary meaning of sportsmanship were found through analyzing research materials in ancient Greek, Middle Age, Early Modern Europe, Modern Puritanism. In conclusion, the modern sportsmanship is constitute of its connotations and forms. The connotations of sportsmanship consist of pursuiting excellence, willing to win, fair play, existence of body, altruism, sport aesthetics. The forms of sportsmanship consist of two aspects. For one thing is the regulation of sports conduct, for another is the standard of social communication.

Keywords：Sportsmanship；Athletic Sports；Modern Sports

西班牙足球振兴的文化策略研究[*]

廖 菡 朱天宇 孙 科[**]

【摘 要】西班牙足球运动的文化特性在全球具有鲜明的辨识度，这与西班牙足球振兴的文化策略密不可分。本文从西班牙足球振兴的历史脉络出发，剖析西班牙足球文化建设主体的系统性，探究其专业化与职业化的同一性。从国家名片、民族团结凝结剂、促进体育教育多样性发展三个角度阐释西班牙足球振兴文化策略的深刻内涵。

【关 键 词】西班牙足球；足球振兴；足球文化策略

西班牙地处欧洲西南的伊比利亚半岛，足球运动历史传统悠久，发展水平成熟，西班牙足球运动的文化特性在全球具有鲜明的辨识度，这与其足球振兴的文化策略密切相关。

西班牙足球振兴和西班牙当代国际、国内的政治、经济形势具有密不可分的关系。从 20 世纪初至今，西班牙足球从发轫到繁荣经历了四个重要时期。第一时期：发展萌芽期（19 世纪末至 1945 年）。此时期，足球在西班牙缓缓起步，在大众体育逐渐兴起的基础上得以初步发展。第二时期：佛朗哥统治时期（1946~1975 年）。弗朗哥威权统治时代，足球承担着沉重的政治负担，弗朗哥

* 本文系国家社会科学基金项目"中国足球振兴的文化策略研究"（项目编号：17ATY004）的研究成果。

** 廖菡，首都师范大学外国语学院副教授，研究方向为西班牙语国家语言文化、西班牙足球文化；朱天宇，中国科学院大学体育部讲师，研究方向为体育教育。通讯作者：孙科，中国科学院大学体育部副教授，研究方向为体育文化、体育口述。

政府重新制定了以社会政治控制标准化为基础的体育法规，对足球进行铁腕控制，将其视为社会和思想控制的工具。第三时期：民主化时代成长期（1976～2000 年），此时期。足球助推西班牙重返国际舞台，足球成为西班牙标志性的国家文化符号。第四时期：新千年后的成熟期（2001 年至今）这一时期，西班牙足球进入变革阶段。足球管理结构民主化和去政治中心化特征日趋明显，政府在管理公共足球设施和促进大众足球参与度方面努力作为，社会足球组织多维度发展，在全球重大赛事上屡创佳绩。足球运动拓展了西班牙现代性社会空间，孕育了主流社会公民，西班牙足球文化成为西班牙社会文化的核心精神之一。

一 西班牙足球振兴的历史文化脉络

（一）发展萌芽期（19 世纪末至 1945 年）

西班牙足球的萌芽产生于 19 世纪末 20 世纪初期。当时的西班牙国运衰败，民生凋敝，刚刚经历了美西战争的失败，先后失去了古巴、波多黎各和菲律宾等最后的殖民地。在文学艺术方面，对国家前途命运深感忧愤的"九八年一代"（即"1898 年一代"）应运而生，与之相对应，受英国斯宾塞实证主义思想的影响，西班牙又兴起了强调科学与纪实的再生主义思想运动，主张客观理性地对国家近代衰落的原因进行反思。再生主义者常以生物学或医学类的语言和直喻的方式来寻找"西班牙病症"的解药，从体育角度出发，他们认为足球运动充满了阳刚之气，是对抗当时年轻人"女性化"的"灵丹妙药"。在汹涌的社会思潮中，西班牙还受到来自盎格鲁-萨克逊世界的新文化范式和习惯的影响，尤其是在社会中上层和大城市的民众之中影响明显，足球正是这个阶段从英国传入。1872 年，韦尔瓦里奥丁多矿山的英国矿工将当时已经在英国蔚然成风的足球运动引入西班牙。1878 年，皇家韦尔瓦娱乐俱乐部成立，这是西班牙历史上第一个独立的足球俱乐部。自此，足球运动在西班牙迅速发展，每一两年都会出现新成立的俱乐部，其中大多数都运行至今。1899 年，巴塞罗那足球俱乐部成立，1902 年，皇家马德里足球俱乐部（以下简称"皇马"）成立，成为西班牙足球运动发展的重要推动力量。在皇马成立当年，时任主席卡洛斯·佩德罗斯提议举办一项足球赛事以庆祝西班牙国王阿方索十三世登基，西班牙"国王杯"赛就此诞生，发展至今，仍是西班牙国内最重要的足球赛事之一。1909 年 10 月 4 日，在皇马的倡议下，多家足球俱乐部的代表在马德里成立了西班牙皇家足球协会，并于 1913 年加入国际足球联合会，由此拉开了西班牙足球登上国际舞台的序幕。1920 年，西班牙男足获得了奥运会比赛银牌，从而大大地推动了西班牙足球运动在民众中的普及，各地足球俱乐部希望建立新的比赛机制以增加经营收入，最终在多方协商下，西班牙足球甲级联赛于 1928 年首次开赛。

1936 年 7 月 17 日至 1939 年 4 月 1 日，西班牙第二共和国发生了一场内战，共和国总统曼努埃尔·阿扎尼亚的共和政府军与西班牙人民阵线左翼联盟对抗以弗朗西斯科·佛朗哥为中心的西班牙国民军和长枪党等右翼集团，西班牙第二共和国解体，所有右翼组织合并，由此进入了弗朗西斯科·佛朗哥施行独裁统治的时代，西班牙足球甲级联赛在内战期间停办了 3 年，西班牙足球运动处于停滞阶段。

（二）佛朗哥统治时期（1946～1975 年）

1959 年至 1973 年是西班牙近代史上经济发展的黄金时期。由于奉行极端的反共政策，佛朗哥政府赢得了西方主要国家的好感，获得了美国和国际货币基金组织的经济支持。西班牙自此进入经济发展的快车道，享有"欧洲经济奇迹之花"的美誉。随着经济水平的提升，西班牙球市开始发展，俱乐部的场馆建设也有了必要的经济基础。弗朗哥政府的官员开始将挖掘足球作为政治和社交资源的潜力。佛朗哥政权希望从西班牙足球源源不断的国际胜利中分享荣耀从而巩固政权，同时也希望得到国内民众的支持，于是当时国内外成绩很好的皇马成了最佳选择。

在佛朗哥政权的重压下，皇马在与巴萨的争夺中顺利签下了阿根廷球星迪斯蒂法诺，由此开创了皇马在西班牙足球历史上的王朝时期，其不仅在国内赛场纵横捭阖，在欧洲赛场也难逢敌手，历史性地获得了 1957 年、1958 年、1959 年、1960 年的欧洲冠军杯四连冠。在佛朗哥政权的支持下，西班牙获得 1964 年第二届欧洲杯足球赛的举办权。佛朗哥政府当时积极给苏联球员办理入境的比赛手续，西班牙队最终凭借本土球员击败了卫冕冠军苏联队，一举获得了历史上首个足球世界大赛冠军，极大地提高了当权者佛朗哥的国内声誉，西班牙足球的国际形象也得到了巨大提升。

然而，佛朗哥政权对加泰罗尼亚文化、巴斯克文化采取打击镇压政策，再加上在足球领域对皇马的全方位扶持与照顾，激发了巴萨俱乐部的极大反抗情绪。两者间的对垒逐渐持续升级，逐渐形成两者之间的百年对抗传统，"国家德比"象征着西班牙两个民族文化和政治理念之间的深刻博弈。巴斯克地区和加泰罗尼亚地区一样，在第二共和国时期获得高度自治权，佛朗哥时期又被完全剥夺，后因 1978 年新宪法成为西班牙两个最早恢复自治权的区域之一。尽管新宪法对自治区的权职和地方自治进程有明确规定，但巴斯克地区素以独立的历史文化背景著称，巴斯克民族主义还一直与极端民族主义、种族主义纠缠难分，是西班牙中央政府长久以来的一块难以治愈的心病。毕尔巴鄂竞技足球俱乐部则是巴斯克地区体育运动和民族精神大旗的扛旗手。为了保持巴斯克足球的纯粹性、守护巴斯克民族的共同精神财富，俱乐部坚持从自己的来萨马青训营中选拔球员，坚持球员必须具有纯正巴斯克血统，拒绝引进来自西班牙其他地区的球员和外籍球员。西班牙足坛曾善意地评价毕尔巴鄂竞技足球俱乐部具有"堂吉诃德精神"。足球运动在西班牙具有铸就社会凝聚力和加强民族情感联系的能力，它常激发起不同地区的民众在不同文化环境下的群体性认同感。

（三）民主化时代成长期（1976~2000 年）

随着佛朗哥政治生涯的终结，西班牙在短短几年就实现了从威权政体向民主政体的平稳过渡，以有序的方式将民主植入政治社会的肌体，自 1986 年加入欧洲共同体后，西班牙作为欧盟重要成员国之一，迅速崛起为欧元区第四大经济体，世界第十三大经济体。西班牙更加开放的经济政治环境对足球发展产生了积极的促进作用。1982 年，西班牙首次举办世界杯足球赛，虽然西班牙队并没有取得较好的成绩，但起到了传播西班牙足球文化与宣传西班牙足球新形象的效果。世界杯以后的西班牙联赛迎来了一批国际知名球星的加盟，1982 年巴萨引进了马拉多纳，虽然没能为球队带来冠军，但昭示着俱乐部构建新的足球体系以对抗皇马的雄心。1987 年克鲁伊夫担任巴萨的主帅，逐渐将全攻全守的荷兰足球理念移植进巴萨足球的思想精髓之中。但 20 世纪 80 年代，西班牙足球仍然是皇马的天下，在佛朗哥离开至 1991 年巴萨"梦一"王朝建立之前，皇马夺得了 16 个联赛冠军中的 9 个，尤其是 1986 年荷兰人本哈克成为皇马主教练以来，在其治理之下，被誉为"皇马皇冠上的五颗珍珠"的布特拉格诺、米歇尔、桑切斯、巴斯克斯和帕德萨等球星大放光彩，连续帮助球队获得了 1986～1990 年西甲五连冠。

进入 20 世纪 90 年代后，巴塞罗那的"美丽足球"崛起，被誉为巴萨"教父"的克鲁伊夫带领巴塞罗那获得了西甲四连冠，并于 1994 年获得了俱乐部历史上首座欧冠奖杯。此时，虽然西班牙足球在两家足球俱乐部的引领下取得了快速发展，但此前西甲俱乐部都采取传统的会员制，由于会员制俱乐部具有"球队花钱，会员埋单"这样的传统特点，俱乐部领导很难在经费问题上绷紧"量入为出"这根弦。到 20 世纪 80 年代后期，负债累累成了众多西班牙足球俱乐部的共同特征。为了避免足球经济崩盘的命运。西班牙政府于 1990 年颁布特别法令，推进俱乐部体制改革，即推进俱乐部现代化公司企业制度的建立。这从根本上扭转了西班牙足球的发展颓势。目前职业足球受西班牙 1990 年通过的西班牙《体育法》调控。1990 年西班牙《体育法》彻底改变了西班牙职业足球的发展模式，该法案引入了足球俱乐部职业化、商业化运营模式，确立了职业俱乐部的法律责任和经济义务。1998 年，皇马从尤文图斯足球俱乐部手中抢走欧冠奖杯则预示着西甲联赛即将迎来历史转折。但此时，西班牙本土球员的国际流动性和适应性普遍不足，西班牙国家队也屡次在世界大赛中折戟沉沙，唯有"预选赛之王"之名。

（四）新千年后的成熟期（2001 年至今）

进入 2000 年以后，西甲联赛逐渐在皇马和巴萨两大俱乐部的竞争中走向崛起，皇马在主席弗洛伦蒂诺·佩雷斯的带领下奉行"巨星政策"，致力于打造豪华至极的"银河战舰"，菲戈、齐达内、罗纳尔多、贝克汉姆、欧文等巨星相继加入皇马。而巴萨则依靠拉玛西亚青训营对本土球员的系统化培养以及在引进罗纳尔迪尼奥等超级球星以后，逐渐恢复了巴萨"梦之队"色彩，两强的竞争逐渐升级，从齐达内领衔的"银河战舰一代"与罗纳尔迪尼奥领衔的"巴萨梦二队"之间对决升级到 C.罗纳尔多领衔的"银河战舰二代"与梅西领衔的"巴萨梦三队"之间的对抗。西甲联赛跻身世界足球联赛第一方阵。同时，在马德里竞技、塞维利亚、瓦伦西亚等准豪门球队的帮衬下，西甲联赛也形成了多元化竞争的良好格局，即便西班牙也遭遇了 2009 年全球经济危机的冲击，但西班牙足球产业仍然稳定运转。

从 2008 年欧锦赛夺冠开始，西班牙在越来越多的世界大赛、区域大赛、各大联赛屡创佳绩。之后的 10 年内，西班牙俱乐部夺取了七次欧冠冠军和五次欧联杯冠军，国家队在 2008 年、2012 年夺得欧锦赛冠军，2008 年 7 月国际足联的积分排名中历史性地登上首位，2010 年获得南非世界杯冠军。四年之内两次斩获欧锦赛冠军和一次世界杯冠军，西班牙足坛和国际足坛普遍认为，这是"红色军团"统领天下的时代。但是，在 2012 年的巅峰辉煌之后，2013 年联合会杯和 2014 年世界杯上，西班牙队均遭遇历史性的惨败，之后西班牙队在 2016 年欧锦赛止步八分之一决赛。2016 年欧洲杯之后，西班牙足球走到了一个必须做出改变的十字路口，成年国家队层面的近两届世界大赛西班牙的成绩都不尽如人意，这和球队战术打法僵化，人员年龄结构失衡有着很大关系。

然而，2017 年 U21 欧青赛上西班牙继 2011 年和 2013 年夺冠的优异表现之后重获亚军，并涌现出像马德里竞技的萨乌尔、皇家马德里的阿森希奥、皇家贝蒂斯的塞瓦略斯这样一批生机勃勃的小将，2019 年再次在 U21 欧青赛上夺冠，2021 年仍然进入四强，西班牙足球似乎总是后继有人。近六届欧青赛，西班牙获得三次冠军和一次亚军，让欧洲乃至全世界又一次见识到了西班牙青训系统的强大实力和"造血"能力，这批小将的出现给了西班牙足球新的希望。

二　西班牙足球文化的建设主体

文化既是一种文化现象，更是一种文化形态，还是一种主导生存方式的演化机制。依据文化模式的转变，可以形成对社会的历史解释。就西班牙足球文化的外在对象化表现形态而言，可以观察到其物质文化、制度文化和精神文化；而就其作为一种稳定的生存方式的内在机制而言，可看作自觉的文化和自在的文化。所谓自在的足球文化是指以足球传统、足球习俗、足球经验、足球常识、对足球的天然情感等自在的因素构成的西班牙民族自在的存在方式或活动图示。而所谓自觉的足球文化则是指以自觉的足球思维方式或足球知识为背景的西班牙人的自觉的存在方式或活动图示。从上述较长的历史角度来看，西班牙的足球文化经历了从自在自发向自为自觉的演进过程。在这个演化过程中，西班牙足球文化的建设主体起到了明显的引导作用。

（一）西班牙足球文化建设主体的系统性

西班牙足球文化建设的主体具有系统性的特点，可视为结构化的集合。政府和社会体育组织是建设的两大主体，实行以政府牵头、社会体育组织为管理和实施主体的运行机制。在这个系统结构中，除了拥有不同权限的政府公共部门，社会体育组织起到了非常关键的作用。可以说，西班牙足球文化形成依赖的绝不是单一的运行机制。作为一个复杂结构，其不同要素之间的动态关系构成了足球文化系统的整体性。因此，可以从不同的角度对西班牙足球文化进行不同的解读。正如西班牙奥委会主席布兰科在 2019 年 4 月接受《马卡报》采访时所说："体育如果被看作对竞技结果的追求，西班牙的体育发展是一条道路；如果被看作培养人才的过程，则是另一条道路；如果被看作景观，又是另一条道路；如果被看作大众健康，又是不一样的道路。如果我们把这些都结合起来，那么就是一种发展模式。……这种模式不仅仅是高水平的足球，这固然是让人愉快的脸面，但是同时也必须要重视基础，要重视对天才球员的发掘，重视体育作为健康生活方式的养成，重视体育教育与文化建设，重视体育生态创新与研究。体育发展模式必须是一个综合体。对于西班牙政府而言，要创建具有竞争力、凝聚力和幸福感的西班牙，没有比发展体育更好的政策了。"

西班牙的足球文化无论从世界影响力、商业化程度，还是群众参与程度而言都极具规模。其建设的主体如图 1 所示。

西班牙足球是由政府和社会体育组织共同管理，权责分明又相互协作（见图 1）。政府方面，实行"全国—大区—地方"三级管理，其中，西班牙最高的体育行政管理机构是"西班牙体育高级委员会"（CSD），它直接隶属于西班牙教育与文化体育部，与教育委员会、文化委员会并列为该部委的重要行政机构。体育高级委员会是具有法人资格的自治管理机构，体现国家在体育领域的管理意志。该委员会对各单项体育协会进行宏观管理，根据 1990 年西班牙体育特别法的规定，高级委员会的主要职能包括：批准运动协会的章程和法规，制定发展目标；向运动协会提供财政补贴并对其使用进行监督；批准国家队和职业俱乐部的高水平官方赛事；对各级赛事中的行为失范进行预防、控制和制裁，保障比赛的公平性；与各自治区协调，组织大、中、小学的全国性或国际性比赛；批准西班牙运动协会加入相关国际体育组织。此外，它主要负责制定政府的体育整体规

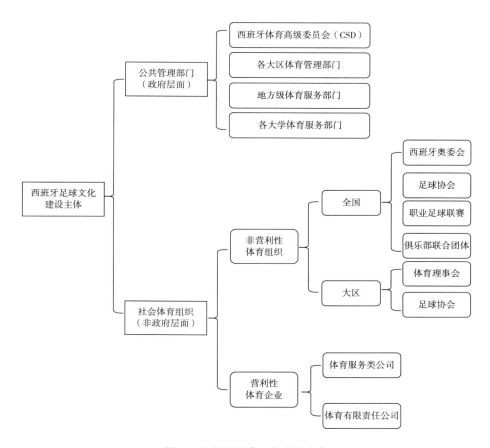

图 1　西班牙足球文化建设主体

划，组织管理全国各级体育竞赛，监督评估各大区的体育绩效以确定划拨经费预算额度，划拨管理参加国际比赛的体育经费使用等。在体育高级委员会牵头管理之下，西班牙 17 个大区和其下属的地方辖区都有各自的足球管理和服务部门，它们和体育高级委员会之间虽然是行政上的上下级关系，但大区和地方管理部门拥有相对独立的管理权。此外，大学的体育服务部门也是公共管理框架里的重要组成部分，负责为西班牙足球输送优秀人才。

从非政府层面而言，社会体育组织同样是非常重要的足球文化建设主体。社会体育组织可以分为非营利性体育组织和营利性体育企业两大类，其中非营利性体育组织又根据其运作和活动范围分为全国体育组织和大区体育组织。全国体育组织主要包括西班牙奥委会、足球协会、职业足球联赛和俱乐部联合团体。其中，西班牙奥委会负责西班牙参加奥委会的各项组织和管理工作，包括与体育高级委员会协作共同选拔优秀运动员和组织赛前训练等。足球协会则是足球项目的实际管理和运行机构，主要负责管理足球的职业联赛、该项目各种杯赛以及各级别男女国家队比赛，全国范围的足球协会还代表西班牙参加该项目在欧洲或世界范围的协会联盟，例如，西班牙皇家足球协会就是西班牙在欧洲足球协会联盟的代表。此外，俱乐部联合团体是由于某些运动项目在全国发展程度不够，或者尚未获得体育高级委员会批准而没有建立单项协会，在这种情况下，就能以大区为单位组建俱乐部团体，组织开展体育赛事。俱乐部团体需要至少位于 3 个不同大区的 15 个以上俱乐部的同意，上报西班牙体育高级委员会批准以后方可成立。最后是职业足球联赛，也是西班牙足球发展的核心。而在大区层级的体育组织中，主要有大区体育理事会和大区足球协会。由于西班牙大区的政治、经济自治化程度较高，体育同样享有相应的独立发展权，它们拥有各自的训练场地、训练计划，可以独立组织竞技赛事。而非政府层面的营利性体育企业则是指社会上提供体育服务类公司和体育有限责任公司。

那么，政府与社会体育组织之间是什么关系呢？从政府层面出发，西班牙 1978 年《宪法》第 103 条规定中央、大区及地方三级政府都有促进民众开展体育运动的义务。而第 46 条第 6 项规定，"各级政府必须促进民众健康、开展体育教育、发展体育运动"。在西班牙体育高级委员会的统筹下，政府给予各级单项协会和西班牙奥委会财政支持，同时提供政策指引和监督评估。另外，根据西班牙 1990 年《体育法》第 84 条规定，西班牙体育高级委员会下设体育纪律委员会，独立于体育高级委员会运行，在行政上拥有最后否决权，所有与体育纪律相关事宜均属于其监督范围。此外，从社会体育组织层面出发，在制定各自章程时须得到最高体育理事会认可，接受纪律委员会监督，在组织开展各项体育赛事时需要遵守各项体育法律法规。但是，社会体育组织与各级政府之间没有直接隶属关系，可独立管理该项目的训练情况、竞技赛事等各项事务。这样一来，政府主导，社会体育组织主动配合，西班牙足球文化的主体呈现多元化、多层次的复合特征。

（二） 西班牙足球文化建设专业化与职业化的同一性

通常而言，足球协会通过管理职业联赛主导职业化体育发展，而国家奥委会以在奥运会争取佳绩为目标。就西班牙的情况而言，由于职业联赛的高度发达，足球项目的最高水准就体现在职业联赛中，足球职业化比重无疑占有绝对优势。然而，西班牙同样非常重视奥运成绩，奥运会成绩水平取决于该项目职业联赛的竞技水平和发展程度。

在获得 1992 年巴塞罗那夏季奥运会主办权之后，为了争取更好的奥运会成绩，西班牙政府于 1988 年发起了每四年一个周期的"奥运体育协会"资助计划（ADO），由西班牙体育高级委员会牵头、西班牙奥委会和国家电视台协力，调动西班牙企业力量募集社会资金，用于修建体育场馆、完善体育设施、聘请外籍教练、奖励优秀运动员。该计划不仅使西班牙在巴塞罗那奥运会上历史性地夺取了 22 枚奖牌，还促进多个竞技项目在奥运会之后几十年里蓬勃发展，西班牙在足球、篮球、网球、赛车、自行车等项目中均出现了世界级的领军人物，还成就了西班牙足球在 21 世纪的第一个十年的巅峰时刻。

2021 年 10 月 25 日，西班牙体育高级委员会主席何塞·曼努埃尔·弗朗哥在西班牙国会宣布，2022 年西班牙竞技项目预算历史性地达到创纪录的 3.15 亿欧元，比 2021 年增加 25%。这笔前所未有的预算主要用来应对新形势下体育模式变化带来的挑战，渐进式地实现足球现代化和数字化的生态转型，将以足球为代表的竞技项目塑造成西班牙经济和社会发展的引擎。此次预算中分配给西班牙奥运会和残奥会的拨款相较于 2020 年有非常显著的增长。具体来说，西班牙奥委会将获得 331 万欧元，大约是 2020 年 87.5 万欧元拨款的 4 倍。拨给西班牙残奥委员会的预算也增加了 2 倍。显然，西班牙政府已经将发展目光坚定地投向 2024 年巴黎夏季奥运会。此外，为了推动实现体育平等、增加体育包容性、增强社会凝聚力等目标，对女性体育、学龄儿童体育的投入也有显著提升。

三　西班牙足球振兴文化策略的内涵

（一） 作为国家名片的足球文化

西班牙拥有世界领先的青训选拔制度，称为"采石场"。在足球人才全球化的今天，西班牙特别注重对年轻球员的培养，他们立足本土俱乐部的发展实际，依靠强大的青训机制，源源不断地向欧洲五大联赛输送优秀球员。同时，西班牙足球利用欧洲各国足球俱乐部的养分，不断反哺、发展壮大自身，保障了本土球员的全面发展机制，成就了西班牙足球健康、持续发展的主心骨。西班牙大大小小的俱乐部几乎都有自己的青训系统，除了蜚声世界的巴塞罗那拉玛西亚和皇家马德里拉法布里卡，毕尔巴鄂竞技的来萨马、皇家社会的苏比耶塔、西班牙人青训营、马德里竞技青训营、比利亚雷亚尔青训营也都为西甲乃至整个欧洲五大联赛做出了重要贡献。博斯曼法案以及近年来愈演愈烈的资本运作无疑对注重青训体系的中小俱乐部产生了巨大冲击，但是，依靠自身青训体系发展内生性动力仍然是西班牙足球文化理念的精髓。

足球不仅在欧洲，也是西班牙在亚洲—太平洋地区最重要的国家名片。西班牙皇家埃尔卡诺学院西班牙国家形象和公共事务首席研究员哈维·诺亚，结合国家品牌指数（NBI）、西班牙对外贸易协会（ICEX）、西班牙作家与出版商联合协会（SGAE）、西班牙国家对外文化推广署（SEACEX）、西班牙国家国际展览总署（SEEI）、西班牙塞万提斯学院的问卷调查，从民众亲和度、旅游业、政治体制、社会福利与服务、经济发展、文化影响力六个方面对西班牙的国家形象进行了实证研究。研究表明：美食、建筑、音乐、斗牛和足球是西班牙国家形象中最重要的五大符号。更是有 27% 的受访者认为，说到西班牙，第一联想对象就是足球。由此可见，足球成了西班牙当之无愧的国家名片。足球运动作为重要的文化符号，具有重要的文化影响力，能够为国家文化赢得更多的追随者和围观者。

（二）作为促进民族团结凝结剂的足球文化

在西班牙，足球被称为"运动之王"，它几乎是体育的代称，每个比赛日都有数以百万计的球迷在看足球联赛转播。很多西班牙人认为，足球最伟大的功能就在于它可以触动人心；许多年轻人在足球上找到了情感宣泄的出口，西班牙人总是在足球里或煎熬痛苦或欢笑享受。从这个意义上而言，足球是这个国家当之无愧的"国民运动"。西班牙 1492 年才成为一个统一的民族国家，自那时起国内的主体民族卡斯蒂利亚人与主要少数民族加泰罗尼亚人、巴斯克人、加利西亚人之间就一直存在着深刻的矛盾。西班牙各地区在文化、传统和风俗方面明显不同。"我们曾经是谁""我们现在是谁""我们代表谁"都对西班牙足球运动有着非同寻常的重要意义。因此，在西班牙有形态多样的德比文化，它们承载了深刻悠远的民族文化记忆和泾渭分明的价值取向。皇家马德里与巴塞罗那之间的国家德比，又称"经典之战"，体现两个俱乐部政治理念与足球哲学的迥异；皇家马德里与马德里竞技之间的同城德比，代表平民阶层与上流阶层的针锋相对；巴塞罗那与西班牙人之间的同城德比，体现俱乐部发展路线之间的深刻分歧；立足加泰罗尼亚本土或是追随马德里中央上层；号称西甲"最火爆德比"的塞维利亚与皇家贝蒂斯同城之战，丝毫不输皇马与巴萨之争，其恩怨的导火线是争论两家俱乐部合法注册的时间谁更靠前，而实际对峙的焦点则是不同阶级谁能代表该地区的足球正统；瓦伦西亚与莱万特的同城德比虽然很少进入西甲第一梯队的争斗，但来自瓦伦西亚当地不同社会阶层球迷常常针尖对麦芒。

西班牙各区域足球文化之间的竞争具有民族主义的特性，可以理解为西班牙各民族身份认同和共同情感的日常表达。在成熟的联赛制度保障下，民族主义是西班牙足球文化生成的重要推手。足球的强盛具有其文化特性，它的形成根植于各个地区的历史文化、民族文化、政治文化当中，足球已成为西班牙各民族和地区的图腾意义上的存在，是他们展示其民族意愿、政治理念的载体；同时各民族足球文化的冲突和融合丰富了西班牙足球文化的内涵，使其具有独特的人文理念。

（三）作为促进体育教育多样性发展的足球文化

西班牙足球学训结合，不拘一格的青少年后备人才培养机制和选拔机制，为促进体育教育多样性发展提供了重要启示。在西班牙，足球青训系统的发展具有稳定、强大的制度保障。各个俱乐部的青训营可以看作一条条成熟的职业球员流水生产线，为西班牙各俱乐部一队或欧洲五大联赛其他俱乐部源源不断地输送新鲜"血液"。西甲俱乐部都在不同程度上为自家青训球员的选拔任用和职业推送建立了完备的运作机制。青训营球员从小开始必须接受完整的文化教育和学院派足球训练，通常从最低龄的 U10 到有机会进入俱乐部一队踢球需要经历 4~5 个梯队异常艰难的层层锤炼。但是，一旦成为真正的职业足球运动员，不仅会免除生活上的后顾之忧，还很有可能成就一番事业。这对西班牙的青少年和他们的家长们而言具有显著的吸引力。以拉玛西亚青训营为例，从青训营毕业的球员不仅可以有稳定的进入巴萨一队的机会，从数据来看，他们之中绝大多数都可以留在西甲联赛或欧洲五大联赛开始自己的职业球员生涯，也有人远赴匈牙利、格鲁吉亚、巴西、阿根廷、喀麦隆和塞内加尔等地成为当地俱乐部的绝对主力。

在学校体育方面，西班牙一直主张进行足球早龄化，早在 20 世纪 80 年代，西班牙各级政府就通过行政手段鼓励学校开展运动会，并主张在学校用淘汰制挖掘有天赋的运动员，形成学校选拔的金字塔体系。根据 1990 年西班牙《体育法》，"由体育高级委员会与大区之间协调确定学校体育的发展方案"。事实上，在学校层面是否要以竞技为主导发展体育在西班牙体育学界有过深入的讨论，形成了泾渭分明的两大阵营：一方主张学校体育应该强调培养孩子拼搏、团队合作和超越自我的价值观，学校体育的重心应放在身心健康、个人发展、社会融合和运动表现等方面，认为这比选拔竞技人才更重要；另一方则支持学校引入足球，支持以参与性和包容性的视角将足球作为教学的一部分，从而去引导比赛，鼓励学生参与足球项目。而竞技比赛必须以学生的特点为基础，充分发挥学生的自主性和个人创造力。在公平竞争的情况下，鼓励追求竞技成绩和结果。但无论是哪一方都认可在学龄时参加体育运动，竞争起到的作用是不容忽视的重要因素。此外，对于学校体育教师来说，竞争对于激励和培训学生非常重要。事实上，西班牙各大区的中小学开展了丰富的校园足球项目，足球成为学校体育课程的重要内容。除了学校的竞技项目，更多学生参加的校外机构的竞技型项目中也存在竞争。研究表明，86.9% 的学生参加了某种类型的比赛，50% 的学龄儿童的体育活动是竞技项目。用不同的方法来引导学校足球项目中的竞争，即任务导向或自我导向。自我导向与低水平的公平竞争有关，而任务与参与、协作相关，作为任务导向的竞技项目练习对学生的学习有很大的价值。

西班牙校园足球氛围浓厚，校园足球赛事丰富，强大的校外足球机构青少年联赛机制完备，教练员队伍强大，运动员个人提升机制完备。在学校推广竞技赛事是从西班牙竞技足球发轫就有的传统。有研究认为，西班牙足球之所以能在 20 世纪持续发展并在 21 世纪前 10 年达到顶峰，20 世纪初期的教会学校和中学是最大的"助推器"，如果没有当时的学校推广足球运动，没有体育教师投入足球教学，足球不可能成为西班牙的"运动之王"。

结　语

从历史发展角度看，西班牙足球振兴既是足球文化形态持续变化的结果，也是西班牙社会主导生存方式不断演化的产物。西班牙足球文化建设主体的系统性为西班牙足球振兴提供了稳固的制度保障，创造出健康多元的足球发展生态。在公共管理部门和社会体育组织的协力作用下，西班牙足球文化从孱弱到强盛，在世界范围内产生了强烈的足球文化吸引力，同时加强了西班牙各地区、各民族之间的精神凝结。学训结合的人才培养机制和早龄化足球发展理念则为西班牙足球振兴提供了源头活水。

A Study of Cultural Strategies for the Revitalization
of Spanish Football

Liao Han　Zhu Tianyu　Sun Ke

Abstract：The cultural identity of Spanish football is clearly recognizable on a global scale, which is inseparable from the cultural strategy of the revitalization of Spanish football. This article starts from the historical context of the revitalization of Spanish football, analyzes the systematization of the main body of Spanish football culture construction, and explores the identity of its specialization and professionalization. The connotation of Spanish football's cultural revitalization strategy is explained from three perspectives：national cultural symbol, national unity coagulant, and sports education diversity promoter.

Keywords：Spanish Football；Football Revitalization；Football Cultural Strategies

征稿函

《体育文化与产业研究》是中国学术界第一本体育类集刊，由社会科学文献出版社出版，目前每年出版 2 辑，集刊常设栏目有名家语道、文史沉思、产业观察、青衿论坛、域外传真等。

集刊来稿要求具体如下。

一、文章类型：本刊倡导学术创新，凡与体育文化及产业相关的理论研究、学术探讨、对话访谈、国外思想动态、案例分析、调查报告均可投稿。

二、基本要求：投稿文章一般 1 万~1.5 万字为宜，须未公开发表，内容严禁剽窃，学术不端检测重复率低于 15%，文责自负。

三、格式规范：符合论文规范，包含标题、作者（姓名、单位、职务、研究方向）、摘要（100~300 字）、关键词（3~5 个）、正文（标题不超过 3 级，各级标题用阿拉伯数字连续编号）、参考文献（也可文中采用页下注释体例，每页编序码，序号用①②③标示）、英文标题、英文摘要等。

四、注释规范：

1. 专著

（1）标注顺序

责任者与责任方式：文献题名，出版者，出版年份，页码。

（2）示例

赵景深：《文坛忆日》，北新书局，1948，第 43 页。

谢兴尧整理《荣庆日记》，西北大学出版社，1986，第 175 页。

〔日〕实藤惠秀：《中国人留学日本史》，谭汝谦、林启彦译，生活·读书·新知三联书店，1983，第 11~12 页。

2. 析出文献

（1）标注顺序

责任者：析出文献题名，"载"文集责任者与责任方式文集题名，出版者，出版年，页码。

文集责任者与析出文献责任者相同时，可省去文集责任者。

（2）示例

杜威·佛克马：《走向新世界主义》，载王宁、薛晓源编《全球化与后殖民批评》，中央编译出版社，1998，第247~266页。

鲁迅：《中国小说的历史的变迁》，载《鲁迅全集》第9册，人民文学出版社，1981，第325页。

3. 古籍

（1）标注顺序

责任者：析出文献题名，文集责任者与责任方式：文集题名卷册次数，丛书项，卷册次数，版本或出版信息，页码。

（2）示例

肯志道：《答屠仪部赤水文书》，《续问辨牍》第2卷，《四库全书存目丛书》第88册，齐鲁书社，1997，第73页。

4. 期刊

（1）标注顺序

责任者：文献题名，期刊名年期。

（2）示例

何龄修：《读顾诚〈南明史〉》，《中国史研究》1998年第3期。

5. 网络

若存在相同内容的纸质出版物，应采用纸质出版物的文献源。若唯有网络来源则标注顺序为：

责任者：电子文献题名，站名，文献标注日期，访问路径。

五、其他说明

1. 来稿请注明作者姓名、工作单位、职务或职称、学历、主要研究领域、通讯地址、邮政编码、联系电话、电子邮箱地址，以便联络。

2. 来稿请勿一稿多投，自投稿之日起一个月内未收到备用或录用通知者，可自行处理。编辑部有权对来稿进行修改，不同意者请在投稿时注明。

投稿邮箱：tywhycy@163.com　　　　　联系电话：18519253001

《体育文化与产业研究》编辑部

图书在版编目（CIP）数据

体育文化与产业研究. 第 3 辑 / 孙科，崔乐泉主编
. --北京：社会科学文献出版社，2022.11
ISBN 978-7-5228-0926-7

Ⅰ.①体⋯ Ⅱ.①孙⋯ ②崔⋯ Ⅲ.①体育文化-中国-文集 ②体育产业-产业发展-中国-文集 Ⅳ.
①G80-054 ②G812-53

中国版本图书馆 CIP 数据核字（2022）第 194088 号

体育文化与产业研究（第 3 辑）

主　　编 / 孙　科　崔乐泉

出 版 人 / 王利民
责任编辑 / 王玉霞
责任印制 / 王京美

出　　版 / 社会科学文献出版社
　　　　　　地址：北京市北三环中路甲 29 号院华龙大厦　邮编：100029
　　　　　　网址：www.ssap.com.cn
发　　行 / 社会科学文献出版社（010）59367028
印　　装 / 三河市东方印刷有限公司

规　　格 / 开　本：787mm×1092mm　1/16
　　　　　　印　张：9.5　字　数：166千字
版　　次 / 2022 年 11 月第 1 版　2022 年 11 月第 1 次印刷
书　　号 / ISBN 978-7-5228-0926-7
定　　价 / 58.00 元

读者服务电话：4008918866

集人文社科之思 刊专业学术之声

STUDIES OF SPORTING CULTURE AND INDUSTRY (No.3)

编辑委员会

名誉主任　陈　钢

主　任　杨国庆

编　委（以下排名不分先后，按姓氏笔画排序）

王凯珍　孙　科　杨国庆　张　欣

范　峰　易剑东　季　浏　周爱光

赵子建　钟秉枢　崔乐泉　黄君华

黄承斌　鲍明晓　漆昌柱　戴　健

编辑部

主　任　孙　科

副主任　王永顺　朱天宇

主　编　孙　科　崔乐泉

副主编　赵子建

第3辑

集刊序列号：PIJ-2020-413
中国集刊网：www.jikan.com.cn
集刊投约稿平台：www.iedol.cn